Lukas Peherstorfer

Social Media für die Suchmaschinenoptimierung

Wie wirken sich Facebook, Google+ und Co. auf das Ranking ihrer Webseite aus?

Diplomica Verlag GmbH

Peherstorfer, Lukas: Social Media für die Suchmaschinenoptimierung: Wie wirken sich Facebook, Google+ und Co. auf das Ranking ihrer Webseite aus?, Hamburg, Diplomica Verlag GmbH 2013

Buch-ISBN: 978-3-8428-8569-1
PDF-eBook-ISBN: 978-3-8428-3569-6
Druck/Herstellung: Diplomica® Verlag GmbH, Hamburg, 2013

Bibliografische Information der Deutschen Nationalbibliothek:
Die Deutsche Nationalbibliothek verzeichnet diese Publikation in der Deutschen Nationalbibliografie; detaillierte bibliografische Daten sind im Internet über http://dnb.d-nb.de abrufbar.

Das Werk einschließlich aller seiner Teile ist urheberrechtlich geschützt. Jede Verwertung außerhalb der Grenzen des Urheberrechtsgesetzes ist ohne Zustimmung des Verlages unzulässig und strafbar. Dies gilt insbesondere für Vervielfältigungen, Übersetzungen, Mikroverfilmungen und die Einspeicherung und Bearbeitung in elektronischen Systemen.

Die Wiedergabe von Gebrauchsnamen, Handelsnamen, Warenbezeichnungen usw. in diesem Werk berechtigt auch ohne besondere Kennzeichnung nicht zu der Annahme, dass solche Namen im Sinne der Warenzeichen- und Markenschutz-Gesetzgebung als frei zu betrachten wären und daher von jedermann benutzt werden dürften.

Die Informationen in diesem Werk wurden mit Sorgfalt erarbeitet. Dennoch können Fehler nicht vollständig ausgeschlossen werden und die Diplomica Verlag GmbH, die Autoren oder Übersetzer übernehmen keine juristische Verantwortung oder irgendeine Haftung für evtl. verbliebene fehlerhafte Angaben und deren Folgen.

Alle Rechte vorbehalten

© Diplomica Verlag GmbH
Hermannstal 119k, 22119 Hamburg
http://www.diplomica-verlag.de, Hamburg 2013
Printed in Germany

Inhaltsverzeichnis

INHALTSVERZEICHNIS
ABBILDUNGSVERZEICHNIS
TABELLENVERZEICHNIS
ABKÜRZUNGSVERZEICHNIS / GLOSSAR
KURZFASSUNG
EXECUTIVE SUMMARY

1	EINLEITUNG	9
1.1	Problemstellung	9
1.2	Zielsetzung	10
1.3	Methodik	10
2	SUCHMASCHINENOPTIMIERUNG	13
2.1	Einleitung	13
2.2	Einführung Suchmaschinenoptimierung	17
2.3	Nutzerverhalten bei Suchmaschinen	19
2.4	Funktionsweise von Suchmaschinen	21
2.5	Rankingkriterien von Suchmaschinen	26
2.5.1	Überblick Rankingkriterien	26
2.5.2	On-Page-Faktoren	28
2.5.3	Off-Page-Faktoren	35
3	SOCIAL SIGNALS ALS RANKINGKRITERIUM	38
3.1	Definition von Social Signals	38
3.1.1	Indirekte Auswirkungen auf das Ranking	38
3.1.2	Direkte Auswirkungen auf das Ranking	39
3.1.3	Nicht Ranking-relevante Auswirkungen	39
3.2	Gründe für Social Signals	40
3.3	Einfluss von Social Signals auf das Ranking	43
3.3.1	Studien über Social Signals	43
3.3.2	Limitationen der Studien	47
3.4	Social Media Plattformen im Vergleich	49
3.4.1	Twitter	49
3.4.2	Facebook	50
3.4.3	Google+	51

3.5	Social Sharing Möglichkeiten	53
4	GOOGLE+ IN DEN SUCHERGEBNISSEN	55
4.1	Search, plus your world	55
4.2	Autorenverknüpfung	58
4.3	Websiteverknüpfung	59
4.4	SEO Tipps für Google+	60
4.4.1	Autorenverknüpfung	60
4.4.2	Websiteverknüpfung	60
4.4.3	Backlinks aus dem Profil	60
4.4.4	Teilen von Links	60
4.4.5	Optimierung des Google+ Title Tags	61
4.4.6	Promotion für das Google+ Profil	61
4.4.7	Hohe Qualität der Inhalte	61
4.4.8	Hohes Aktivitätslevel	62
4.4.9	Verbindung mit Autoritäten	62
4.4.10	Anbieten von Sharing Möglichkeiten	62
5	AUSWERTUNG DER EXPERTENBEFRAGUNGEN	63
5.1	Methodik	63
5.2	Ergebnisse der Interviews	63
6	FAZIT UND AUSBLICK	66
	LITERATURVERZEICHNIS	68
	EXPERTENINTERVIEWS	72
	LEBENSLAUF	73

Abbildungsverzeichnis

Abbildung 1: Aufbau des Buches 12
Abbildung 2: Vergleich Internutzer 2007 vs. 2012 14
Abbildung 3: Haushalte mit Internetzugang in Österreich 2012 15
Abbildung 4: Zweck der Internetnutzung in Österreich 2012 16
Abbildung 5: Zusammenhang von SEM, SEO und SEA 18
Abbildung 6: Suchergebnisseite bei google.at (Suchbegriff "seo agentur") 19
Abbildung 7: Google CTR Studie von Slingshot SEO 21
Abbildung 8: Funktionsweise der Google Suche 24
Abbildung 9: Markanteil von Suchmaschinen weltweit 25
Abbildung 10: Periodic Table of SEO Ranking Factors von Search Engine Land 27
Abbildung 11: Sitemap von www.omv.at 30
Abbildung 12: Meta-Tags von www.aktionsfinder.at 32
Abbildung 13: Verlinkungen einer Webseite 36
Abbildung 14: Social Results bei bing.com 40
Abbildung 15: Korrelationsanalyse Social Signals von SEOmoz 44
Abbildung 16: Ergebnisse der Searchmetrics-Studie 2012 46
Abbildung 17: Detailansicht der Social Signals je Rankingposition 47
Abbildung 18: Darstellung von Social Votes 53
Abbildung 19: Integration von Social Buttons auf österreichischen Webseiten ... 54
Abbildung 20: Personalisierte Suchergebnisse bei Google 56
Abbildung 21: Rechte Seite der Google SERP 57
Abbildung 22: Auswirkung der Autorenverknüpfung in der Google SERP 58
Abbildung 23: AdWords-Anzeige mit Social Extension 59

Tabellenverzeichnis

Tabelle 1: Kriterien zur Beurteilung von Nutzerprofilen 42

Abkürzungsverzeichnis / Glossar

AJAX	Asynchronous JavaScript and XML
CSS	Cascading Style Sheets
CTR	Click Through Rate
HTML	Hypertext Markup Language
IDF	Inverse Document Frequency
SEA	Search Engine Advertising
SEM	Search Engine Marketing
SEO	Search Engine Optimization
SERP	Search Engine Result Page
URL	Uniform Resource Locator
W3C	World Wide Web Consortium
WDF	Within Document Frequency
XML	Extensible Markup Language

Kurzfassung

Das Ziel der Suchmaschinenoptimierung ist es, mit Webseiten eine möglichst hohe Position in Suchergebnissen zu erreichen um so mehr Traffic für die eigene Webseite generieren zu können. Die Suchmaschinen verwenden für das Ranking sehr viele unterschiedliche Kriterien. Ein relativ neues Kriterium sind die sogenannten Social Signals, die durch User bei Social Media Plattformen wie Facebook, Twitter und Google+ entstehen. Vor Allem Google+ wird von vielen Experten eine hohe Bedeutung für SEO beigemessen, da das soziale Netzwerk die Google Suchergebnisse sichtbar verändert. Die Kernfrage dieses Buches ist somit, wie Social Media die Suchmaschinenoptimierung beeinflusst.

Um die zentrale Fragestellung beantworten zu können wird zuerst die Notwendigkeit von SEO für Unternehmen dargestellt. Im nächsten Abschnitt geht es um die Rankingkriterien, die von Suchmaschinen für die Bewertung von Webseiten verwendet werden, hierbei wird zwischen der Onpage- sowie Offpage-Optimierung unterschieden. Im zentralen Kapitel geht es darum, wie und warum Signale aus sozialen Medien von Suchmaschinen für das Ranking herangezogen werden. Ein eigenes Kapitel wurde Google+ gewidmet, in dem die direkten Auswirkungen dieses sozialen Netzwerks auf die Google Suche erläutert und Tipps für den richtigen Umgang mit Google+ für SEO gegeben werden. Des Weiteren wurden die im Rahmen des Buches durchgeführten Experteninterviews in einem eigenen Kapitel analysiert.

Zusammenfassend kann festgestellt werden, dass der Einfluss von Social Media auf die Suchmaschinen und demnach auch auf SEO nicht mehr bestritten werden kann. Dies betrifft einerseits den positiven Einfluss, den Social Signals auf das Ranking von Webseiten zu haben scheinen. Andererseits geht es um die sichtbaren Auswirkungen von Social Media in den Suchergebnissen, bei Google vor Allem durch Google+. Hier bieten sich Unternehmen einige Chancen um von Google+ für SEO zu profitieren. Social Signals markieren nicht das Ende von SEO sondern werden vielmehr zu einer Weiterentwicklung der SEO-Branche führen, wo vor Allem die User im Mittelpunkt der Bemühungen stehen werden um Social Media für SEO-Zwecke nützen zu können.

Executive Summary

The goal of Search Engine Optimization is that websites are ranking in high positions of the search engine result page in order to bring a lot of traffic to the website itself. Search engines use a broad range of Ranking Factors in their algorithms to determine the importance and relevance of a webpage. A fairly new criteria are the so called Social Signals, that are created by Social Media Users at e.g. Facebook, Twitter and Google+. A lot of experts attach great importance especially to Google+ for SEO, because the social network changes the Google search results significantly. Therefore the key question of this thesis is, how Social Media is influencing the field of Search Engine Optimization.

In order to answer the key question of the thesis, the importance of SEO for many organizations will be shown at first. The following chapter is about the Ranking Factors that are being used by search engines in their algorithms, the chapter is divided in one part about Onpage- and a second part about Offpage-Optimization. In the main chapter, it will be stated how and why search engines use Social Signals as a Ranking Factor. The direct impact of Google+ in Google-Search is shown in an own section of the thesis, including tips for businesses how to use Google+ effectively for SEO-purposes. The results of the interviews with SEO-experts will be analyzed and discussed in the following chapter.

As a conclusion it can be stated, that the impact of Social Media on search engines and consequently SEO can't be denied anymore. First of all, Social Signals tend to have a positive impact on the ranking of websites. Second, Social Media has a direct influence on how search results are being displayed. Google+ has a big impact on Google Search, where also businesses can benefit from. Social Media will not be the end of SEO, in fact it will change the way how SEO is being done. The future SEO has to be about the optimization for the users in order to benefit from Social Media for Search Engine Optimization.

1 Einleitung

1.1 Problemstellung

Mit dem Aufstieg des Internets hat auch die Bedeutung von Suchmaschinen stetig zugenommen. Die Internetsuche ist nicht mehr aus unserer (Online)- Kultur wegzudenken, da eine effektive Suche und somit Orientierung im Internet bei der unüberschaubaren Menge an Informationen ansonsten sehr schwierig und kompliziert wäre. Für Unternehmen ist es daher wichtig nicht nur eine Internetpräsenz zu haben sondern mit dieser auch in den Suchergebnissen möglichst weit oben zu erscheinen.[1]

Die Suchmaschinen selbst haben die schwierige Aufgabe, den Nutzern die relevantesten und wichtigsten Ergebnisse passend zu Ihrer Suchanfrage in wenigen Bruchteilen einer Sekunde aus vielen Milliarden Webseiten zu liefern. Um die Relevanz und Wichtigkeit einer Webseite für einen Suchbegriff bestimmen zu können, greifen die Suchmaschinen auf eine Vielzahl von Kriterien zurück, nach denen die Webseiten bewertet werden.[2] Die führende Suchmaschine Google verwendet eigenen Angaben zufolge mehr als zweihundert verschiedene Rankingkriterien, wobei sich diese Kriterien ständig verändern.[3]

Eine dieser Änderungen an den Rankingkriterien der Suchmaschinen sind die sogenannten "Social Signals", also Signale aus Social Media Plattformen wie zum Beispiel Facebook, Twitter und Google+. Die Suchmaschinen reagierten somit auf den sehr großen Erfolg und Zulauf dieser Plattformen und versuchen durch Einbinden sozialer Signale bessere Suchergebnisse liefern zu können.[4] Social Signals sind eines der am meisten diskutierten und umstrittensten Themen in der SEO-Branche, da Google und andere Suchmaschinen sich nicht direkt in die Karten schauen lassen, welche Suchkriterien wichtiger sind und welche weniger.[5] Google, in Person von Matt Cutts, hat aber bereits im Jahr 2010 bestätigt, dass Social Signals als Rankingkriterium herangezogen werden.[6]

Vor Allem durch die Einführung von Google's eigenem Social Network Google+, hat die Diskussion erneut Fahrt aufgenommen. Inhalte aus Google+ werden kontinuierlich in die Google Suchergebnisse integriert und die Suche wird somit "sozialer" und individueller

---

[1] vgl. Enge et al., 2012, S.1 f.
[2] vgl. URL: http://www.seomoz.org/beginners-guide-to-seo/how-search-engines-operate [6.4.2013]
[3] vgl. URL: http://www.google.com/competition/howgooglesearchworks.html [6.4.2013]
[4] vgl. Enge et al., 2012, S.397 ff.
[5] vgl. Vollmert, 2012, S.44 ff.
[6] vgl. URL: http://www.youtube.com/watch?v=ofhwPC-5Ub4 [6.4.2013]

gestaltet. Deswegen wird Google+ von vielen Experten eine hohe Bedeutung für die Suchmaschinenoptimierung zugeschrieben.[7]

1.2 Zielsetzung

Das Buch soll klären, ob und wie Social Signals als Rankingkriterium von Suchmaschinen verwendet werden und somit das Feld der Suchmaschinenoptimierung beeinflussen. Ein weiteres Hauptaugenmerk liegt auf den speziellen Auswirkungen von Google+ auf die Google Suche, und den sich daraus ergebenden Chancen für Unternehmen.

Ausgehend von der Problemstellung ergeben sich nun folgende Forschungsfragen (kurz FS) die im vorliegenden Buch schrittweise beantwortet werden:
- FS 1: Wie durchsuchen und indexieren Suchmaschinen das Web?
- FS 2: Welche Kriterien werden von Suchmaschinen für das Ranking einer Webseite herangezogen?
- FS 3: Warum werden Social Signals als Rankingkriterium immer wichtiger?
- FS 4: Wie groß ist der Einfluss von verschiedenen sozialen Medien auf SEO im Vergleich?
- FS 5: Welche speziellen Auswirkungen hat Google+ auf die Google Suche?
- FS 6: Wie kann Google+ für die Suchmaschinenoptimierung eingesetzt werden?

1.3 Methodik

Um die zentralen Fragestellungen des Buches beantworten zu können wird auf die Methodik der Literaturrecherche und -Analyse zurückgegriffen. Hier werden sowohl Fachbücher, wissenschaftliche Artikel und Papers aus wissenschaftlichen Datenbanken als auch Fachartikel aus einschlägigen Fachzeitschriften verwendet.

Nachdem es sich bei der Branche der Suchmaschinenoptimierung um eine sehr schnelllebige und dynamische handelt, bei der Wissen oft eine sehr kurze Halbwertszeit besitzt, ist es sinnvoll und notwendig auch andere Quellen zu verwenden. Hiermit ist vor Allem das Wissen aus dem Web in Form von facheinschlägigen Blogs und Blogbeiträgen von bedeutenden und anerkannten SEO-Persönlichkeiten gemeint. Auch die von Google selbst zur Verfügung gestellten Informationen stellen eine wichtige Quelle dar, auf die nicht vergessen werden sollte. Hiermit möchte ich auch klarstellen, dass Blogbeiträge, Artikel und Meinungen im Internet sehr kritisch hinterfragt und differenziert betrachtet werden müssen und auch werden.

Desweiteren werden im Buch Experteninterviews als methodisches Vorgehen herangezogen um die Forschungsfragen beantworten zu können. Ein wichtiges Kriterium bei dieser

---

[7] vgl. Alpar/Metzen, 2012, S.106 ff.

Methodik ist die sorgfältige Auswahl der Experten sowie die kritische Auseinandersetzung und Gegenüberstellung der verschiedenen Expertenmeinungen. Die Meinungen und Antworten der Interviewpartner werden fallweise in den Kapiteln 3 und 4 zitiert. In einem eigenen Kapitel 5 werden die Befragungen kurz analysiert.

Das Buch ist so aufgebaut, dass die Forschungsfragen schrittweise in den verschiedenen Kapiteln beantwortet werden. In einem ersten Schritt wird die Funktionsweise von Suchmaschinen erklärt und die wichtigsten Rankingkriterien von Suchmaschinen werden vorgestellt. Im Folgenden wird der Begriff der Social Signals erklärt und begründet warum vermehrt Social Signals von Suchmaschinen als Rankingkriterium herangezogen werden. Danach wird der Einfluss von ausgewählten Social Media Plattformen auf die Suchmaschinenoptimierung dargestellt und miteinander verglichen. Im letzten Kapitel werden die speziellen Auswirkungen von Google+ auf die Google Suche im Detail untersucht und Tipps für den Einsatz von Google+ für SEO gegeben.

Die nachfolgende Abbildung visualisiert das gewählte methodische Vorgehen grafisch:

Kapitel 1: Einleitung	• 1.1 Problemstellung • 1.2 Zielsetzung • 1.3 Methodik
Kapitel 2: Suchmaschinenoptimierung	• 2.1 Einleitung • 2.2 Einführung Suchmaschinenoptimierung • 2.3 Nutzerverhlaten bei Suchmaschinen • 2.4 Funktionsweise von Suchmaschinen (FS 1) • 2.5 Rankingkriterien von Suchmaschinen (FS 2)
Kapitel 3: Social Signals als Rankingkriterium	• 3.1 Definition von Social Signals • 3.2 Gründe für Social Signals (FS 3) • 3.2 Einfluss von Social Signals auf das Ranking (FS 4) • 3.3 Social Media Plattformen im Vergleich (FS 4)
Kapitel 4: Google+ in den Suchergebnissen	• 4.1 Search, plus your world (FS 5) • 4.2 Autorenverknüpfung (FS 5) • 4.3 Websiteverknüpfung (FS 5) • 4.4 SEO Tipps für Google+ (FS 6)
Kapitel 5: Auswertung der Expertenbefragungen	• 5.1 Methodik • 5.2 Ergebnisse der Interviews
Kapitel 6: Fazit und Ausblick	• 6 Fazit und Ausblick

Abbildung 1: Aufbau des Buches

2 Suchmaschinenoptimierung

2.1 Einleitung

Um das Feld und die Notwendigkeit der Suchmaschinenoptimierung verstehen zu können, muss man sich zwangsläufig mit der rasanten Entwicklung des Internets in den letzten Jahren auseinandersetzen.[8]

Das Internet ist das Medium, dass sich vergleichsweise am schnellsten entwickelt.[9] Weltweit gab es im letzten Jahr mehr als 2,4 Milliarden Internet-User, im Jahr 2000 lag dieser Wert noch bei ca. 360 Millionen Nutzern. Dies entspricht einem Wachstum von 566,4% über die letzten 12 Jahre.[10]

Sieht man sich die Entwicklung der Internetnutzer von 2007 bis 2012 an, dann ist eine Verdoppelung der Internetnutzer innerhalb von 5 Jahren zu beobachten. In Abbildung 2 sind die Zuwächse der Internetuser je Kontinent und gesamt zu sehen. Auffallend sind hier vor Allem hohe Zuwächse in Asien, Afrika und Südamerika.[11]

---

[8] vgl. Hübener, 2009, S.1
[9] vgl. Düweke/Rabsch, 2011, S.23
[10] vgl. URL: http://www.internetworldstats.com/stats.htm [15.4.2013]
[11] vgl. URL: http://royal.pingdom.com/2012/04/19/world-internet-population-has-doubled-in-the-last-5-years/ [15.4.2013]

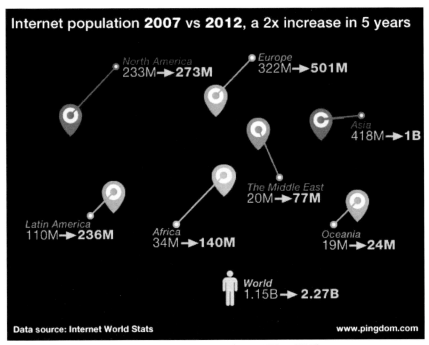

Abbildung 2: Vergleich Internutzer 2007 vs. 2012[12]

Die Zahlen für Österreich bestätigen den weltweiten Trend. Im Jahr 2012 waren 79% der Haushalte mit einem Internetzugang ausgestattet, wobei dieser Wert im Jahr 2002 noch bei 34% lag, dies entspricht einem Wachstum von 57%.[13]

In der folgenden Abbildung der Statistik Austria wird die Entwicklung grafisch dargestellt.

---

[12] URL: http://royal.pingdom.com/2012/04/19/world-internet-population-has-doubled-in-the-last-5-years/ [15.4.2013]
[13] vgl. Statistik Austria: *IKT-Einsatz in Haushalten*, 2012

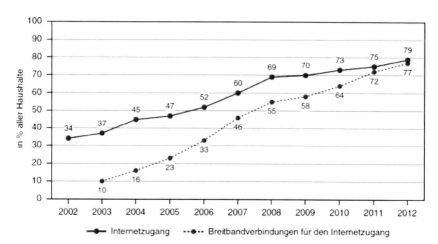

Abbildung 3: Haushalte mit Internetzugang in Österreich 2012[14]

Interessant für Unternehmen wird es bei der Art und Weise, wie Menschen das Internet nutzen. Im Jahr 2012 haben sich 90 Prozent der österreichischen Internetnutzer mindestens einmal in den letzten 3 Monaten über Waren und Dienstleistungen im Internet informiert. Damit gehört die Informationssuche zu den wichtigsten Zwecken der Internetnutzung.[15]

Die Abbildung 4 zeigt die Zwecke der Internetnutzung der österreichischen User im Jahr 2012.

---

[14] URL: https://www.statistik.at/web_de/wcmsprod/groups/b/documents/webobj/053953.gif [9.4.2013]
[15] vgl. Statistik Austria: *IKT-Einsatz in Haushalten*, 2012, S.27

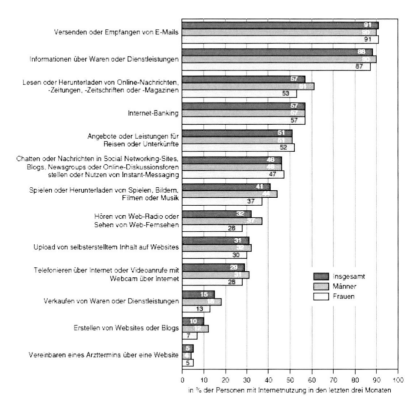

Abbildung 4: Zweck der Internetnutzung in Österreich 2012[16]

Beim Betrachten dieser beeindruckenden Zahlen wird auch klar, warum das Internet für viele Unternehmen nicht mehr aus dem geschäftlichen Alltag wegzudenken ist. Der Grundgedanke des Marketings, also die konsequente Ausrichtung des gesamten Unternehmens auf die Bedürfnisse des Marktes[17], spiegelt sich auch beim Thema Internet wieder. Auch wenn ein Unternehmen das Internet nicht als zusätzlichen oder überhaupt zukünftig einzigen Distributionskanal verwendet, kann schon alleine aufgrund des Verhaltens der Konsumenten und der eigenen Konkurrenten nicht auf die Berücksichtigung des Internets verzichtet werden. Bei den meisten Unternehmen hat das Internet bereits einen Fixplatz im Marketing-Mix, neben klassischen Marketing-Formen wie TV, Radio oder Print.[18]

---

[16] Statistik Austria: *IKT-Einsatz in Haushalten*, 2012, S.27
[17] vgl. Bruhn, 2010, S.13
[18] vgl. Bischopinck/Ceyp, 2007, S.3 f.

Das Zentrum der Online-Aktivitäten der allermeisten Unternehmen bildet die Website. Die Website kann je nach Unternehmen und/oder Branche für verschiedene Funktionen in Frage kommen. Für manche Unternehmen ist die Website ein zentraler Distributionskanal, für andere wiederum steht der (Online-)Support im Vordergrund. Auch der Einsatz als reines Informations- und Präsentationsportal ist denkbar. Alle diese Aufgaben können jedoch nur erfüllt werden, wenn die Website auch von den Interessenten und Kunden gefunden wird, dies führt unweigerlich zum Thema der Suchmaschinen und in weiterer Folge der Suchmaschinenoptimierung.[19]

Das Problem des Internets ist die unüberschaubare Menge an Informationen, die verfügbar sind. Jeder Mensch mit Zugang zum Internet hat die Möglichkeit eine oder besser gesagt unendlich viele Websites ins Netz zu stellen. Gepaart mit der dezentralen Organisationsform des Internets, also ohne zentrale Verwaltungsstelle welche die Angebote koordiniert und nach bestimmten Kriterien sortiert. An dieser Stelle spielen virtuelle Intermediäre, also zum Beispiel Suchmaschinen, für den Nutzer eine wesentliche Rolle um das Internet effizient nutzen zu können. Die Vermittler bieten einerseits Webseite-Betreibern die Möglichkeit sich zu präsentieren, andererseits wird den Suchenden ermöglicht ein gewünschtes Angebot zu finden. Die Suchmaschinen koordinieren also im Prinzip Angebot und Nachfrage.[20]

Die Internetsuche ist nicht mehr aus den Alltag vieler Menschen wegzudenken. In den USA nützen mehr als 92% der User Internetsuchmaschinen, 59% Prozent davon täglich. Am stärksten ist die Nutzung von Suchmaschinen in der Altersgruppe zwischen 18 und 29 Jahren, von denen 96% Suchmaschinen zur Informationssuche verwenden. Aber auch ältere Internetnutzer (älter als 65 Jahre) verwenden zu 87% Suchmaschinen.[21] Im August 2011 wurden weltweit insgesamt ca. 158 Milliarden Suchanfragen durchgeführt. Laut den Daten von comScore benutzten über 1,3 Milliarden Menschen auf der Welt im selben Monat eine Suchmaschine.[22]

2.2   Einführung Suchmaschinenoptimierung

In diesem Abschnitt des Buches geht es um die Definition der Suchmaschinenoptimierung und die Einordnung in das Gesamtbild des Suchmaschinenmarketing.

Das Suchmaschinenmarketing (oder Search Engine Marketing, kurz SEM) ist ein Teilgebiet des Online-Marketing und hat das Ziel, potenzielle Kunden auf die eigene Website zu

---

[19] vgl. Bischopinck/Ceyp, 2007, S.3 f.
[20] vgl. Fritz, 2004, S.61
[21] vgl. URL: http://www.pewinternet.org/Reports/2011/Search-and-email/Report.aspx [16.4.2013]
[22] vgl. Enge et al., 2012, S.4

bringen. Um dieses Ziel zu erreichen, wird genau an dem Punkt angesetzt, an dem die meisten Menschen zur Informationsrecherche im Internet einsteigen, nämlich bei den Suchmaschinen. Hier besteht der Vorteil gegenüber klassischen Formen des Marketings darin, dass der User bereits durch seine Suchanfrage Interesse an einem bestimmten Thema oder Produkt äußert. Das Suchmaschinenmarketing hat nun die Aufgabe, relevante Webseiten bzw. deren Inhalte so auf der Suchergebnisseite (oder Search Engine Result Page, kurz SERP) zu platzieren, damit diese von den Internet-Nutzern gefunden und in weiterer Folge auch angeklickt werden. Um dieses Ziel zu erreichen, bietet das Suchmaschinenmarketing zwei verschiedene Ansätze, nämlich die Suchmaschinenoptimierung und die Suchmaschinenwerbung.[23]

In Abbildung 5 ist die Einordnung von Suchmaschinenoptimierung- und Werbung in das Suchmaschinenmarketing zu sehen.

Abbildung 5:Zusammenhang von SEM, SEO und SEA

Unter Suchmaschinenoptimierung (oder auf Englisch Search Engine Optimization, kurz SEO), versteht man die Optimierung einer Website bzw. die Aufbereitung der dort befindlichen Inhalte, so dass die Seite von Suchmaschinen indexiert und prominent in den Ergebnissen platziert werden kann.[24]

Im Gegensatz dazu, wird die Positionierung über den Anzeigenbereich der Suchmaschinen, also dem Kaufen von Platzierungen in Form von Textanzeigen, als Suchmaschinenwerbung (oder Search Engine Advertising, kurz SEA) bezeichnet.[25]

Es handelt sich hierbei um keine einheitlichen, allgemein gültigen Begriffsdefinitionen, diese gibt es dem noch sehr jungen Zweig der Wissenschaft noch nicht. So wird bei-

---

[23] vgl. Bischopinck/Ceyp, 2007, S.7
[24] vgl. Bischopinck/Ceyp, 2007, S.7 f.
[25] vgl. Düweke/Rabsch, 2011, S.415

spielsweise im englischsprachigen Raum der Begriff SEM mit SEA, also der Suchmaschinenwerbung gleichgestellt, obwohl SEA eigentlich nur ein Teil von SEM ist.[26] Diese Definition ist vor Allem in der Praxis üblich, auch immer mehr im deutschsprachigen Raum.[27]

Eine typische Suchergebnisseite (SERP) bei Google ist in der Abbildung 6 zu sehen. Die bezahlten Anzeigen sind mit orangen Rahmen und der Aufschrift SEA gekennzeichnet, die "organischen", also nicht bezahlten Suchergebnisse, sind mit grünem Rahmen und der Aufschrift SEO markiert.

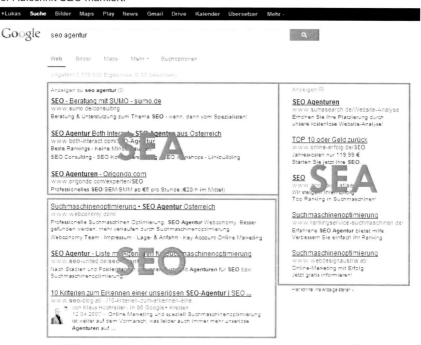

Abbildung 6: Suchergebnisseite bei google.at (Suchbegriff "seo agentur")[28]

2.3 Nutzerverhalten bei Suchmaschinen

Das wichtigste Kriterium bei der Auswahl des passenden Suchergebnisses, ist laut einer Befragung der Nutzer, der jeweilige Titel und Beschreibungstext des Ergebnisses, die als gleich relevant bewertet wurden. Der Rang des Suchtreffers wird ebenfalls als sehr wichtig eingeschätzt, jedoch weniger wichtig als die oberen Merkmale. Da es sich hier jedoch

---

[26] vgl. Bischopinck/Ceyp, 2007, S.7
[27] vgl. Düweke/Rabsch, 2011, S.415
[28] vgl. Suche auf google.at (Suchbegriff: "seo agentur") [19.4.2013]

um eine Befragung von Internetnutzern handelte, muss man diesen Ergebnissen kritisch gegenüber stehen.[29]

Trotz dieser Umfrage-Ergebnisse, belegen viele Studien, dass dem Rang des Suchtreffers eine entscheidende Rolle bei der Auswahl zukommt. Die entscheidende Kennzahl ist hier die Klickrate, das heißt wie die durchschnittliche Verteilung der Klicks in den Suchergebnissen aussieht. Die verschiedenen Studien kommen zu unterschiedlichen Ergebnissen, wobei bei allen Studien ein klares Resultat ersichtlich ist, und zwar dass die oberen Ergebnisse deutlich häufiger angeklickt werden als die weiter unten platzierten Treffer.[30]

Neben der Klickrate sieht man auch bei durchgeführten Eye-Tracking Studien, dass die unteren Suchtreffer kaum noch Beachtung finden.[31]

Eine dieser besagten Studien zu Klickraten wurde im Jahr 2011 von Slingshot SEO durchgeführt, welche auch im sehr bekannten SEOmoz-Blog publiziert wurde.[32] Ein weiterer Grund, diese Studie im Buch anzuführen, ist die verhältnismäßig hohe Aktualität.

In der Studie wurde die CTR (=Click Through Rate) der ersten Ergebnisseite bei Google und Bing untersucht. Die CTR wird von Slingshot SEO definiert als:
The percentage of users who click on a given domain after entering a search query. In this study, CTR is calculated as total visits divided by total searches for a given keyword over a stable period.

Insgesamt wurde das Userverhalten von 170 000 Visitors für 324 Keywords (in der Google Studie) verwendet, die Daten beziehen sich auf Suchanfragen aus den USA.[33]

Stellvertretend für alle anderen Suchmaschinen, wird in Abbildung 7 das Studienergebnis der Suchmaschine Google angeführt.

---

[29] vgl. Machill, 2003, S.170 ff.
[30] vgl. Bischopinck/Ceyp, 2007, S.74 f.
[31] vgl. URL: http://www.usercentric.com/news/2009/06/08/eye-tracking-bing-vs-google-first-look [19.4.2013]
[32] vgl. URL: http://www.seomoz.org/blog/mission-imposserpble-establishing-clickthrough-rates [19.4.2013]
[33] vgl. Slingshot SEO, *A Tale of two studies: Establishing Google & Bing Click-Through Rates*, 2011, S.4 ff.

Abbildung 7: Google CTR Studie von Slingshot SEO[34]

Die Ergebnisse zeigen ganz klar die hohe Bedeutung von guten Rankings in Suchmaschinen. Durchschnittlich 18,2% der User klickten auf den ersten Suchtreffer, weitere 10,05% auf den zweiten und 7,22% auf den dritten Eintrag. Insgesamt ergab die Studie, dass 52,32% der User auf ein Ergebnis der ersten Seite klicken. Slingshot SEO spricht bei den Ergebnissen von einer "relativen" CTR, weil auch die User mit in das Ergebnis einfließen, die auf keinen Treffer geklickt haben, sondern stattdessen eine neue Suchanfrage gestartet haben. Dies bewirkt im Gegensatz zu anderen Studien[35] niedrigere CTR's.[36]

2.4 Funktionsweise von Suchmaschinen

Die Funktionsweise von Suchmaschinen ist für die meisten User am ersten Blick nicht ersichtlich. Der User sieht nur, dass nach Eingabe eines Suchbegriffes eine mehr oder weniger relevante Liste an Suchtreffern (sprich Internetadressen) erscheint. Was im Hintergrund alles passiert um diese Liste zu liefern ist vielen nicht bekannt. Fälschlicherweise wird oft vermutet, dass die Suchmaschinen das ganze Internet nach dem jeweiligen

---

[34] Slingshot SEO, *A Tale of two studies: Establishing Google & Bing Click-Through Rates*, 2011, S.10
[35] vgl. Enge et al., 2012, S.21
[36] vgl. Slingshot SEO, *A Tale of two studies: Establishing Google & Bing Click-Through Rates*, 2011, S.10

Suchbegriff "live" durchsucht. In Wahrheit ist es aber so, dass jede Suchmaschinen über einen eigenen Datenbestand verfügt, auf den bei Suchanfragen zurückgegriffen wird.[37]

Bei der Funktionsweise von Suchmaschinen gibt es grundsätzlich 3 wichtige Teilbereiche zu beachten, nämlich das Crawlen, Indexieren und schlussendlich das Ranken der Webseiten.

Der erste Teilbereich beginnt lange bevor der User etwas tatsächlich sucht. Die Suchmaschinen durchsuchen, oder crawlen, das Web mithilfe von automatisierten Robotern, auch Webcrawler, Spider oder Searchbots genannt. Dabei fangen die Webcrawler bei einer Ausgangsgruppe von Websites an, die als qualitativ hochwertig bekannt sind. Von dort aus dient dann die Linkstruktur im Internet dazu, weitere Webseiten aufzuspüren. Mithilfe dieser Links, die auf andere Webseiten verweisen, können die Webcrawler automatisiert Milliarden von verbundenen Dokumenten erreichen.[38]

Wenn nun der Webcrawler eine Seite besucht, werden ausgewählte Webseiteninhalte teilweise oder ganz übernommen, aufbereitet und gespeichert. Bei diesem Vorgang kontrolliert der Webcrawler auch, ob bereits gespeicherte Dokumente geändert worden sind oder überhaupt noch existieren. Durch diesen regelmäßigen Vergleich kann die Qualität der Ergebnisse gewährleistet werden. Wie oft ein Webcrawler eine Webseite besucht und wie lange dieser Besuch dauert hängt von unterschiedlichen Faktoren ab, grundsätzlich kann man sagen, je öfter eine Seite mit neuen Inhalten aktualisiert wird, desto häufiger wird ein Webcrawler die Seite durchsuchen.[39]

Die Aufbereitung der Daten sieht so aus, dass bei den gespeicherten Dokumenten nicht relevante Textteile z.B. Programmcode entfernt wird und die anderen Teile in ein einheitliches Datenformat gebracht werden, um eine spätere Auswertung zu ermöglichen.[40]

Das Web kann man sich vorstellen wie ein dickes Buch, das von den Suchmaschinen indexiert wird[41], deshalb wird auch oft vom Suchmaschinen-Index gesprochen. Neben den wesentlichen Begriffen die auf einer Seite vorkommen, werden auch andere Informationen erfasst, beispielsweise die Position der Begriffe, alle Seiten zu denen verlinkt wird, die Ankertexte der Links und vieles mehr. Die Suchmaschinenbetreiber haben für diese Aufgabe riesige Datenverarbeitungszentren aufgebaut um zu ermöglichen, Daten von vielen Milliarden Webseiten zu speichern auf die in Bruchteilen von Sekunden zugegriffen wer-

---

[37] vgl. Bischopinck/Ceyp, 2007, S.34
[38] vgl. Enge et al., 2012, S.37
[39] vgl. Greifeneder, 2010, S.30 f.
[40] vgl. ebenda
[41] vgl. URL: http://www.google.com/intl/de/insidesearch/howsearchworks/crawling-indexing.html [28.4.2013]

den kann.[42] Der Google-Index umfasst beispielsweise über 100 Millionen Gigabyte an Daten.[43]

Im nächsten Schritt geht es für die Suchmaschinen darum, bei einer Suchanfrage durch den User, eine Liste relevanter Seiten zu liefern, und zwar nach den (vermeintlichen) Wünschen des Suchenden gereiht.[44] Das Ranking der Ergebnisse spiegelt ja die Qualität und den Nutzen einer Suchmaschine wider. Die Zufriedenheit der Nutzer steht im Vordergrund und dies wird nur dann erreicht, wenn die Ergebnisse den Erwartungen und Bedürfnissen der Nutzer entsprechen.[45]

Die für die Reihung der Ergebnisse verantwortlichen Rankingkriterien sind das größte Geheimnis der Suchmaschinen. Die Reihenfolge wird beispielsweise bei Google von mehr als 200 Kriterien (von Google als Signale bezeichnet) beeinflusst.[46]

In Abbildung 8 ist der typische Ablauf einer Suche bei der Suchmaschine Google zu sehen. Nach der Eingabe eines Suchbegriffs (=Query) vom User wird im Index-Server nach passenden Begriffen gesucht und die Webseiten nach Relevanz gereiht. Der Doc-Server liefert die angeforderten Dokumente, also Webseiten, aus. Zusätzlich werden noch Rich-Snippets erstellt. Der gesamte Vorgang dauert nur den Bruchteil einer Sekunde.

---

[42] vgl. Enge et al., 2012, S.38
[43] vgl. URL: http://www.google.com/insidesearch/howsearchworks/crawling-indexing.html [28.4.2013]
[44] vgl. Enge et al., 2012, S.39
[45] vgl. Greifeneder, 2010, S.33 f.
[46] vgl. URL: http://www.google.com/intl/de/insidesearch/howsearchworks/algorithms.html [28.4.2013]

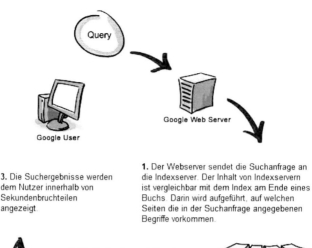

Abbildung 8: Funktionsweise der Google Suche[47]

Um die Qualität der Suche laufend zu verbessern und um Manipulationsversuchen entgegenzuwirken ändern die Suchmaschinen ständig die Rankingkriterien und die Gewichtung dieser.[48] Neue Kriterien kommen dazu, zum Beispiel die Social Signals auf die in Kapitel 3 näher eingegangen wird, andere Kriterien verlieren an Bedeutung (beispielweise die Meta-Keywords). Die Rankingkriterien der Suchmaschinen und daraus ableitbaren SEO-Maßnahmen werden im nächsten Kapitel genauer vorgestellt.

Der Grund warum in diesem Buch immer wieder Google als beispielhafte Suchmaschine ausgewählt wurde hat gute Gründe. Google ist weltweit die Suchmaschine Nummer 1 und Marktführer in vielen Ländern. Wie in Abbildung 9 zu sehen, hat Google weltweit einen Marktanteil von 82,69%, gefolgt von Yahoo mit 8,14% und Bing von 5,31%. Die Daten

---

[47] URL: http://www.onlinesoluto.de/wp-content/uploads/2011/03/Funktionsweise-Google-Suche.jpg [28.4.2013]
[48] vgl. Greifeneder, 2010, S.34

stammen von netmarketshare.com von März 2013, andere Statistiken[49] gehen von noch höheren Werten aus.

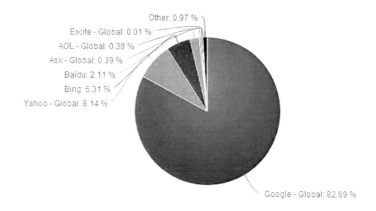

Abbildung 9: Markanteil von Suchmaschinen weltweit[50]

In Deutschland und Österreich ist der Marktanteil von Google noch höher.[51]

Nur in wenigen Ländern ist Google nicht marktführend bei den Suchmaschinen. In China ist beispielsweise die Suchmaschine Baidu Marktführer, in Russland Yandex und in Südkorea Naver. Somit hängt bei der Suchmaschinenoptimierung natürlich auch viel davon ab, für welche Suchmaschinen man eine Website optimiert.[52]

Aufgrund der klaren Marktführerschaft von Google, vor Allem auch im deutschsprachigen Raum, orientiert sich das vorliegende Buch an der besagten Suchmaschine. Es wird verstärkt auf die Rankingfaktoren von Google eingegangen, auch weil sich die Literatur fast ausschließlich mit SEO speziell für Google beschäftigt. Viele der vorgestellten Kriterien und Maßnahmen gelten jedoch auch für andere Suchmaschinen.

---

[49] vgl. URL: http://de.statista.com/statistik/daten/studie/222849/umfrage/marktanteile-der-suchmaschinen-weltweit/ [28.4.2013]
[50] URL: http://www.netmarketshare.com/ [28.4.2013]
[51] vgl. URL: http://www.seo-united.de/suchmaschinen.html [28.4.2013]
[52] vgl. Enge et al., 2012, S.87

2.5 Rankingkriterien von Suchmaschinen

2.5.1 Überblick Rankingkriterien

Wie bereits zuvor im Buch erwähnt, verwenden Suchmaschinen sehr viele unterschiedliche Faktoren um die Relevanz und Wichtigkeit von Webseiten zu bestimmen und dementsprechend zu ranken. Google verwendet, eigenen Angaben zufolge, mehr als 200 unterschiedliche Rankingfaktoren.[53]

Die Kriterien, nach denen Webseiten gerankt werden, sind das größte Geheimnis der Suchmaschinen und sind deswegen zum Großteil nicht öffentlich zugänglich. Dies und die Tatsache, dass die Kriterien von Suchmaschine zu Suchmaschine unterschiedlich sind macht es fast unmöglich allgemeingültige Handlungsanweisungen zu definieren. Durch die Informationen, die Suchmaschinen selbst zur Verfügung stellen (z.B. Google[54]) und die Erfahrung von Suchmaschinenexperten, lassen sich doch einige allgemeine und anerkannte Faktoren nennen, die sich positiv auf das Ranking auswirken.[55]

In diesem Kapitel werden die wichtigsten Ranking-Kriterien der Suchmaschinen im Überblick vorgestellt. Dies passiert einerseits durch die Verwendung von Fachliteratur zum Thema SEO, andererseits durch Informationen, die Google selbst für Webmaster zur Verfügung stellt.

Um einen ersten Überblick über die Vielfalt der Rankingfaktoren zu bekommen, eignet sich der „Periodic Table of SEO Ranking Factors" von Search Engine Land, zu sehen in Abbildung 10, sehr gut. Die Grafik geht bewusst nicht ins Detail, sondern will das Big Picture von SEO vermitteln. Die Gewichtung der einzelnen Faktoren erfolgt auf einer Skala von 1-3, wobei 3 am wichtigsten ist, aufgrund von Infos durch Suchmaschinen, Studien und der eigenen Erfahrung von Search Engine Land.[56]

Die Darstellung der Faktoren ist wie folgt unterteilt:[57]
- *On the page SEO:* Faktoren die rein mit der eigenen Seite zu tun haben
- *Off the page SEO:* Faktoren, die eine Websitebetreiber nicht direkt steuern kann
- *Violations:* Verstöße gegen die Richtlinien von Suchmaschinen
- *Blocking:* Suchende entscheiden, dass sie eine Website nicht mögen

---

[53] vgl. URL: http://www.google.com/competition/howgooglesearchworks.html [2.5.2013]
[54] vgl. URL: http://support.google.com/webmasters [2.5.2013]
[55] vgl. Bischopinck/Ceyp, 2007, S.185
[56] vgl. URL: http://searchengineland.com/guide/seo/types-of-search-engine-ranking-factors [2.5.2013]
[57] vgl. ebenda

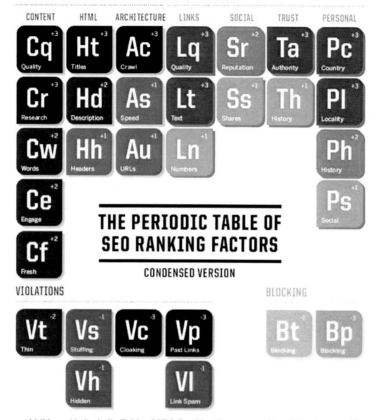

Abbildung 10: Periodic Table of SEO Ranking Factors von Search Engine Land[58]

In der Literatur wird bei Suchmaschinenoptimierung meist zwischen On-Page und Off-Page-Optimierung unterschieden. Unter die On-Page-Optimierung fällt alles, was ein Webseitenbetreiber selbst auf seiner Seite ändern kann um besser gefunden zu werden bzw. zu ranken. Die Off-Page-Optimierung beschäftigt sich mit allen externen Faktoren, die nicht auf der Webseite selbst stattfinden. Hier sind vor Allem externe Verlinkungen wichtig.[59]

---

[58] URL: http://searchengineland.com/download/seotable/SearchEngineLand-Periodic-Table-of-SEO-condensed.pdf [5.5.2013]
[59] vgl. Düweke/Rabsch, 2011, S.415

2.5.2 On-Page-Faktoren

2.5.2.1 Technische Voraussetzungen

Grundlegende Voraussetzung um bei SEO erfolgreich zu sein, ist die eigene Webseite überhaupt für Google und Co. zugänglich zu machen – dies wird auch *Crawlability* genannt.[60]

Probleme oder Barrieren stellen für die Webcrawler zum Beispiel Flash oder AJAX dar, diese verhindern, dass Webcrawler Inhalte einlesen können, zusätzlich werden auch Links nicht weiterverfolgt.[61]

Die Webseite sollte einen sauberen, schlanken HTML-Code besitzen, so kann das Crawling viel schneller erfolgen. Beispielsweise können hierfür CSS-Angaben und JavaScript-Elemente in externe Dateien ausgelagert werden. Das verwendete HTML muss valide und gültig sein, dies kann mithilfe vom *Markup Validation Service*[62] des World Wide Web Consortium (W3C) überprüft werden.[63]

2.5.2.2 Domain

Webseiten, die den vom User gesuchten Begriff in der Domain haben, wird von Suchmaschinen eine höhere Relevanz zugeschrieben als anderen Seiten. Je frühere eine solche Übereinstimmung bei einer Domain erfolgt, umso besser ist es.[64]

Auch das Alter von Domains spielt eine Rolle für Suchmaschinen, generell gilt: Je älter eine Domain ist, umso mehr Vertrauen genießt diese bei Suchmaschinen und wird auch dementsprechend höher gerankt.[65]

2.5.2.3 Seitenaufbau

Ein Punkt, der beim Thema Seitenaufbau eine Rolle spielt, ist die Verzeichnistiefe. Hier herrscht unter den Experten eine relativ große Uneinigkeit, wobei es zwei grundsätzliche Meinungen gibt. Die eine Meinung ist, dass Webcrawler bei der Aktualisierung einer Website und dem Ranking Inhalte bevorzugen, die hierarchisch gesehen in den oberen Ordnern abgelegt sind. Die andere Meinung ist, dass es nicht um die Verzeichnistiefe an sich geht, sondern um die Anzahl der Klicks die man als User (und auch Suchmaschine) benö-

---

[60] vgl. Düweke/Rabsch, 2011, S.431
[61] vgl. URL: http://support.google.com/webmasters [2.5.2013]
[62] URL: http://validator.w3.org/ [2.5.2013]
[63] vgl. Düweke/Rabsch, 2011, S.433
[64] vgl. Greifeneder, 2010, S.48
[65] vgl. Fischer, 2009, S.363 f.

tigt um von der Startseite aus auf einer Unterseite zu kommen. Als Websitebetreiber sollte man deswegen versuchen, eine möglichst flache Ordnerstruktur zu verwenden.[66]

Neben der leichten Erreichbarkeit, ist die Benennung der Verzeichnisse und Dateien ein Faktor der nicht nur für die User sondern auch für die Suchmaschinen eine Rolle spielt. Wie bereits bei der Domain erwähnt (Kapitel 2.5.2.2), sollten relevante Keywords in der URL vorkommen. Folgendes Beispiel einer Schuhfirma zeigt eine gute, aussagekräftige Ordnerstruktur, versehen mit relevanten Keywords:[67]

- *www.schuhfirma.de/sportschuhe/fussball*
- nicht so gut wäre: *www.schuhfirma.de/sps/fb*

Wie bei (fast) allen SEO-Maßnahmen, ist auch hier darauf zu achten nicht zu übertreiben und Suchmaschinen manipulieren zu wollen. Einfach Keywords sinnlos in eine URL zu bringen wird von Suchmaschinen eventuell als "Keyword-Stuffing" angesehen und dementsprechend abgestraft. Beispiel:[68]

- *www.schuhfirma.de/schuhe/schuh/schuh*

Die Verzeichnistiefe bzw. die Anzahl der Klicks die bis zum Erreichen einer bestimmten Unterseite benötigt werden sind, wie bereits zuvor erläutert, wichtig für Suchmaschinen. Bei einer , die aus mehreren Hundert oder sogar Tausend Unterseiten besteht, ist es aber nur sehr schwer möglich dies durch eine optimale Navigation alleine sicherzustellen. Hier bietet sich die Verwendung einer Sitemap an, die die Inhalte des Webangebots hierarchisch auf einer Seite darstellt und Suchmaschinen aber auch den User einen Überblick über die eigenen Inhalte gibt. Webcrawler können damit über die Sitemap alle Unterseiten eines Webauftritts sehr schnell erreichen.[69] Abbildung 11 zeigt die Sitemap der OMV.

---

[66] vgl. Bischopinck/Ceyp, 2007, S.205
[67] vgl. ebenda
[68] vgl. Bischopinck/Ceyp, 2007, S.206
[69] vgl. ebenda

Abbildung 11: Sitemap von www.omv.at[70]

Zusätzlich zur normalen HTML-Sitemap, gibt es auch Sitemaps speziell für Suchmaschinen, diese werden Meta- oder XML-Sitemaps genannt.[71] Suchmaschinen wie zum Beispiel Google, bieten die Möglichkeit XML-Sitemaps direkt einzureichen. Google empfiehlt den Einsatz von XML-Sitemaps unter anderem für Seiten mit dynamischen Inhalten, neuen Webseiten oder Webseiten mit großem Archiv, dessen Seiten untereinander nicht verlinkt sind. Zur Erstellung und Einreichung von XML-Sitemaps bietet Google detaillierte Informationen.[72]

Eine weitere Möglichkeit um die Website-Inhalte für Suchmaschinen und User besser zugänglich zu machen sind interne Links. Diese können thematisch passend angewendet werden und von einer Unterseiten mit einem entsprechend passenden Ankertext auf eine andere Seite verlinken. Unterseiten, die sehr oft intern verlinkt sind, erhalten ein besseres Ranking als Seiten die nie oder kaum verlinkt sind. Interne Links haben jedoch aus Ranking-Sicht wesentlich weniger Auswirkung als Links von anderen Webseiten (siehe Kapitel 2.5.3).[73]

2.5.2.4 Meta-Tags

Ein wichtiger Ranking-Faktor für Suchmaschinen sind die sogenannten Meta-Tags auf den Webseiten. Meta-Tags sind nicht direkt auf der Seite zu sehen sondern nur im HTML-Quelltext der Webseite, sie sind sozusagen Zusatzinformationen für den Browser und für Suchmaschinen. Die Meta-Angaben befinden sich immer im Head-Bereich einer Websei-

---

[70] URL: http://www.omv.at/portal/01/at/header/Sitemap [5.5.2013]
[71] vgl. URL: http://www.seo-united.de/onpage-optimierung/sitemap.html [5.5.2013]
[72] vgl. URL: http://support.google.com/webmasters/bin/answer.py?hl=de&answer=156184 [5.5.2013]
[73] vgl. Bischopinck/Ceyp, 2007, S.207 f.

te. Es gibt eine Vielzahl an Meta-Tags, für die Suchmaschinen sind nur einige davon relevant, dies sind vor Allem das Title-Tag und die Meta-Description.[74]

Besonderen Wert für das Ranking von Webseiten hat das Title-Tag. Einerseits wird im Internet-Browser der verwendete Title in der oberen Fensterleiste angezeigt und auch für Lesezeichen (engl. Bookmarks) verwendet. Andererseits greifen auch Suchmaschinen auf den Title zurück und zeigen diesen meist in den Suchergebnissen als Überschrift an. Das Title-Tag soll deshalb die Seite möglichst gut beschreiben, dass die Benutzer wissen was Sie auf der Seite erwartet und somit die Klickrate erhöht wird, was sich wiederum positiv auf das Ranking auswirkt (siehe Kapitel 2.5.2.7). Zusätzlich ist der Title-Tag aber auch ein wichtiger, direkter Ranking-Faktor, das heißt für Keywords, bei denen man erscheinen möchte ist es unerlässlich das Keyword im Title unterzubringen.[75]

Auch die Anordnung der Begriffe im Title ist relevant, die wichtigen Keywords sollten weiter vorne stehen. Suchmaschinen stellen einen Title-Tag nur bis zu einer bestimmten Zeichenanzahl dar, der Rest wird abgeschnitten. Bei Google sind dies ca. 65 Zeichen oder fünf bis sieben Wörter. Für Suchmaschinen ist es auch wichtig, dass jede Seite einen individuellen Title-Tag besitzt.[76]

Neben dem Title-Tag ist auch die Meta-Description für Suchmaschinen sehr wichtig. Die Meta-Description ist eine kurze Beschreibung der Website (maximal 160 Zeichen[77]) und wird von Suchmaschinen in der Suchergebnissen meistens entsprechend als Beschreibungstext verwendet. Auch hier ist es wieder entscheidend, die wichtigsten Keywords unterzubringen, ohne dabei "Keyword-Stuffing" zu betreiben, die Beschreibung soll ja auch die User zum Klick auf die Website animieren. Wie beim Title-Tag ist es wichtig, für jede Seite unterschiedliche Descriptions zu verwenden.[78]

In Abbildung 12 sind die Auswirkungen des Title-Tags und der Meta-Description in den Suchergebnissen von www.aktionsfinder.at dargestellt.

---

[74] vgl. Düweke/Rabsch, 2011, S.437 f.
[75] vgl. Düweke/Rabsch, 2011, S.438 f.
[76] vgl. Fischer, 2009, S.288 f.
[77] vgl. URL: http://www.seomoz.org/beginners-guide-to-seo/basics-of-search-engine-friendly-design-and-development [6.5.2013]
[78] vgl. Fischer, 2009, S.292 ff.

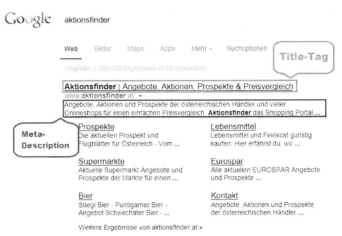

Abbildung 12: Meta-Tags von www.aktionsfinder.at[79]

Die Meta-Keywords haben für Suchmaschinen keinerlei Relevanz mehr, da in der Vergangenheit viele Websitebetreiber diese Funktion missbraucht haben um für möglichst viele Keywords in der Suche aufzuscheinen.[80]

2.5.2.5 Content

Der Content auf einer Webseite ist mit das wichtigste Kriterium ob man für ein Keyword oder eine Keywordkombination bei Suchmaschinen rankt und wo man rankt. Die Ergebnisse müssen die Anliegen des Suchenden befriedigen, also versuchen die Suchmaschinen den besten und passendsten Inhalt zu liefern.[81] Dies wird auch durch laufende Updates des Google Suchalgorithmus sichergestellt. Allen voran ist hier das sogenannte "Panda-Update" aus dem Jahr 2011 zu nennen, welches schrittweise eingeführt wurde und qualitativ hochwertige Seiten im Ranking bevorzugt.[82]

Sehr wichtig beim Content ist die Einzigartigkeit. Die Suchmaschinen wollen nicht zehn Suchergebnisse mit exakt den gleichen Texten ausgeben, da auch die User damit nicht zufrieden wären. Gleiche Inhalte werden auch als *Duplicate Content* bezeichnet - ein Faktor der sich äußerst negativ auf das Ranking auswirkt und auch zur kompletten Entfernung von Webseiten aus dem Suchmaschinen-Index führen kann.[83]

---

[79] vgl. Suche auf google.at (Suchbegriff: "aktionsfinder") [6.5.2013]

[80] vgl. Düweke/Rabsch, 2011, S.438

[81] vgl. URL: http://www.seomoz.org/beginners-guide-to-seo/how-usability-experience-and-content-affect-search-engine-rankings [5.5.2013]

[82] vgl. URL: http://searchengineland.com/why-google-panda-is-more-a-ranking-factor-than-algorithm-update-82564 [5.5.2013]

[83] vgl. Fischer, 2009, S.317 ff.

Um einen guten, individuellen Content auch für Suchmaschinen lesbar zu machen, ist es wichtig diesen als normalen HTML-Text vorzulegen. Suchmaschinen können beispielsweise den Inhalt von Bildern (noch) nicht lesen und auswerten. Bei der Verwendung von Bilder sollte deswegen ein sprechender Dateiname, ein Title und das Alt-Attribut verwendet werden, um Suchmaschinen textuell den Inhalt eines Bildes zu vermitteln.[84][85]

Um für einen Suchbegriff gerankt zu werden, muss der Begriff selbstverständlich auch irgendwo auf der Webseite vorkommen. Suchmaschinen beachten hier vor Allem folgende drei Kriterien:[86]

- **Keyword-Dichte:** Die Keyword-Dichte (oder eng. Keyword-Density) beschreibt die Anzahl der Keywords in Relation zur Gesamtzahl aller Wörter auf der jeweiligen Seite. Erfahrungen aus der Praxis zeigen, dass eine Keyword-Dichte von 3-5% am besten funktioniert. Bei sehr häufiger, unnatürlicher Verwendung des Keywords, werten dies Suchmaschinen eventuell als Manipulationsversuch ("Keyword-Stuffing") und bestrafen die Webseite mit Nichtbeachtung und -Erfassung.
- **Keyword-Nähe:** Die Keyword-Nähe (oder eng. Keyword-Proximity) stellt die Nähe der Suchbegriffe untereinander dar. Umso näher einzelne Begriffe einer Suchanfrage im Text beieinander stehen, desto relevanter ist die Webseite für die Suchmaschine.
- **Keyword-Lage:** Bei der Keyword-Lage geht es um die absolute Position der Keywords im Text. Suchmaschinen schätzen die Relevanz von Wörtern höher ein, die am Anfang eines Textes zu finden sind, als diejenigen die erst am Ende vorkommen.

Über die eben angeführten Faktoren wird in der SEO-Branche heiß diskutiert. Während die einen SEO-Experten Faktoren wie der Keyword-Dichte immer noch eine hohe Relevanz zuschreiben, sehen andere nur geringe Auswirkungen.[87]

Eine relative neue Herangehensweise, die eine Erweiterung der Keyword-Dichte-Theorie im weitesten Sinn darstellt, ist das WDF*IDF Konzept vom deutschen SEO-Experten Karl Kratz. Die Grundidee ist, dass ein Keyword-optimierter Text sich nicht nur durch die Häufigkeit des Keywords selbst auszeichnet sondern auch durch andere Wörter: Die mathematische Formel besteht aus 2 Teilbereichen:[88]

- WDF (*within document frequency*) sagt aus, dass ein Wort welches häufig in Kombination mit dem Keyword auf einer Seite vorkommt, vermutlich relevant ist.
- IDF (*inverse document frequency*) sagt aus, dass diese Relevanz steigt, je seltener das Wort auf allen Webseiten im Internet verwendet wird.

---

[84] vgl. Enge et al., 2012, S.210
[85] vgl. URL: http://support.google.com/webmasters/bin/answer.py?hl=de&answer=35769 [5.5.2013]
[86] vgl. Bischopinck/Ceyp, 2007, S.208 ff.
[87] vgl. Enge et al., 2012, S.255
[88] vgl. URL: http://www.karlkratz.de/onlinemarketing-blog/seo-keyword-density/ [5.5.2013]

Wie auch die Keyword-Dichte und viele andere Faktoren, ist das WDF*IDF Konzept "nur" eine Vermutung von SEO-Experten, wie Suchmaschinen die Relevanz von Webseiten bewerten. Die Meinungen über die "neue Keyword-Dichte" gehen unter den Experten relativ weit auseinander.[89]

2.5.2.6 Überschriften und Textauszeichnungen

Durch Überschriften und Textauszeichnungen ist es möglich, den Text einer Webseite besser zu strukturieren und für User lesbarer zu machen. Auch Suchmaschinen stufen besonders hervorgehobene Wörter und Textpassagen als wichtiger ein. Dafür gibt es im HTML mehrere Möglichkeiten:[90]

- **Überschriften:** Die HTML-Tags *<h1>, <h2>, <h3>,* etc. definieren die Gliederung der Überschriften. Die *<h1>*-Überschrift stellt dabei die wichtigste Überschrift dar, wichtige Keywords sollten demnach unbedingt in der *<h1>*-Überschrift zu finden sein. Die anderen Überschriften sind absteigend weit weniger bedeutsam.
- **Fettschrift:** Durch die Verwendung des *<strong>*-Tags wird das Wort fett dargestellt, auch hier bewirkt das eine höhere Relevanz für Suchmaschinen.
- Auch **andere Tags** wie *<li>* für Aufzählungslisten, *<i>* für kursiv und *<u>* um Wörter unterstrichen darzustellen, helfen Text zu formatieren und Suchmaschinen auf wichtige Wörter hinzuweisen.

Wie so oft in SEO gilt auch hier, dass die Textauszeichnungen und Überschriften nicht übertrieben und unnatürlich eingesetzt werden sollten, da dies Suchmaschinen sonst als Spamming auffassen und negativ bewerten.[91]

2.5.2.7 User-Informationen

Höchstwahrscheinlich verwenden Suchmaschinen auch Nutzerinformationen um Webseiten zu ranken. Dadurch kann die Qualität der gelieferten Suchergebnisse noch gesteigert werden, denn wenn Nutzer mit einem Suchergebnis zufrieden sind, werden sie vermutlich auch auf dieser Seite bleiben und nicht wieder zurück zu den Ergebnissen springen. Die Daten hierfür stammen hauptsächlich aus den Benutzerinteraktionen in der Suche und vom Surfverhalten aus den Browsern (z.B. Google Chrome).[92]

Suchmaschinen haben also eine Vielzahl an Daten zur Verfügung, mit der Sie Online-Verhaltensweisen messen können um damit Rückschlüsse auf die Qualität der Suchergebnisse zu ziehen. Einige mögliche Signale sind:[93]

- **Klickrate:** Die Klickrate gibt die durchschnittliche Verteilung der Klicks auf die Suchergebnisse an. Wenn die User beispielsweise mehrheitlich auf das vierte Er-

---

[89] vgl. URL: http://www.seo-united.de/blog/seo/wdfpidf-wie-wichtig-ist-die-neue-keyworddichte.htm [5.5.2013]
[90] vgl. Bischopinck/Ceyp, 2007, S.213 f.
[91] vgl. ebenda
[92] vgl. Enge et al., 2012, S.439 f.
[93] vgl. Enge et al., 2012, S.441 f.

gebnis klicken, erkennen auch Suchmaschinen die Relevanz dieses Treffers und werden die Webseite zukünftig möglicherweise höher ranken.[94]
- Stellen einer **neuen Suchanfrage**
- **Absprungrate (eng. Bounce-Rate)**: Anteil der Benutzer, die nur eine Seite auf einer Webseite besuchen und dann eventuell zu den Suchergebnissen zurückkehren und andere Ergebnisse anklicken
- **Verweildauer** auf einer Seite: Die Zeit, die ein User auf einer Webseite verbringt kann für die Qualität und Relevanz stehen, aber auch für eine schlechte Navigation oder lange Ladezeiten. Deswegen werden Suchmaschinen diese Signale nur in Kombination betrachten.
- **Seiten pro Besuch**
- etc.

2.5.2.8 Weitere Faktoren

Ein weiterer, von Google offiziell bestätigter Rankingfaktor, ist die **Ladegeschwindigkeit einer Webseite**.[95] Auch wenn dieser Faktor nicht den größten Einfluss auf das Suchmaschinenranking hat, so ist der Site-Speed wichtig für die Usability. User neigen dazu, langsame Seiten sofort wieder zu verlassen, was eine hohe Bounce-Rate bewirkt und diese wird von Suchmaschinen als Ranking-Kriterium herangezogen (siehe Kapitel 2.5.2.7).[96]

Die **Aktualität von Webseiten** hat auch einen Einfluss auf das Ranking bei Suchmaschinen. Wenn regelmäßig neuer Inhalt auf die Webseite gestellt wird, zum Beispiel in Form von News-Bereichen oder Blogs, merken das die Crawler der Suchmaschinen und besuchen die Seite öfter. Dadurch werden neue Inhalte relativ schnell indexiert.[97]

2.5.3 Off-Page-Faktoren

Neben den On-Page-Faktoren, sind die sogenannten Off-Page-Faktoren der zweite wichtige Teil um mit Webseiten bei Suchmaschinen gut gerankt zu werden. In diesem Kapitel wird der Bereich der Backlinks, also der Verlinkungen einer Webseite im Internet, näher behandelt. Ein weiterer Off-Page-Faktor sind die **Social Signals**, die als zentraler Teil dieses Buches in einem gesonderten Kapitel betrachtet werden.

Backlinks sind also Verlinkungen anderer Webseiten zu der eigenen Seite. Links stellen sozusagen Empfehlungen von anderen Websitebetreibern, Usern, etc. dar. Diese Emp-

---

[94] vgl. Fischer, 2009, S.358 ff.
[95] vgl. URL: http://googlewebmastercentral.blogspot.co.at/2010/04/using-site-speed-in-web-search-ranking.html [8.5.2012]
[96] vgl. Enge et al., 2012, S.447
[97] vgl. Fischer, 2009, S.306 f.

fehlungen werden auch von Suchmaschinen genutzt, um die Relevanz einer Webseite zu bestimmen.[98] Google bestätigt dies offiziell.[99]

Abbildung 13 zeigt schematisch dargestellt das Prinzip der Verlinkungen auf eine Website im Internet.

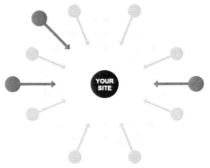

Abbildung 13: Verlinkungen einer Webseite[100]

Die These, dass oft verlinkte Webseiten besonders relevant sind, stammt aus dem Zitierverhalten in der Literatur: Relevante Inhalte und Aussagen werden häufig in anderen Werken/Arbeiten/Büchern zitiert. Daraus lässt sich prinzipiell ableiten, dass eine große Anzahl von Backlinks wichtig für hohes Ranking ist.[101]

Dies ist allerdings nicht die ganze Wahrheit. Für Suchmaschinen spielt vor Allem die Qualität der eingehenden Links eine sehr wichtige Rolle. Bei der Beurteilung der **Qualität von Backlinks** gibt es einige Kriterien, die zu beachten sind. Als erstes ist die **Relevanz und Bedeutung der verlinkenden Seite** ausschlaggebend. Wenn zum Beispiel ein Online-Shop für Elektronikartikel von der Apple-Homepage aus verlinkt wird, hat das eine wesentlich höhere Bedeutung als wenn der lokale Bäcker mit seiner Homepage auf den Online-Shop verlinkt. Die Relevanz der verlinkenden Seite wird ja ihrerseits auch durch Backlinks bestimmt. Die sogenannte *Link-Popularität* ist somit ein rekursives Modell, da ein Teil der Link-Popularität durch den Link weitergegeben wird. Auch die **thematische Ähnlichkeit** der beiden verlinkten Webseiten ist für Suchmaschinen ein Faktor für die Qualität des Links - im Beispiel mit dem Online-Shop für Elektronikartikel ist bei Apple die thematische Ähnlichkeit gegeben.[102]

---

[98] vgl. Düweke/Rabsch, 2011, S.443
[99] vgl. URL: http://support.google.com/webmasters/bin/answer.py?hl=en&answer=66356 [9.5.2013]
[100] URL: http://www.webviewseo.com/wp-content/uploads/2012/11/linkbuilding.png [9.5.2013]
[101] vgl. Bischopinck/Ceyp, 2007, S.217
[102] vgl. Bischopinck/Ceyp, 2007, S.218

Einfluss auf die Gewichtung eines Backlinks hat auch die Anzahl der Links, die von einer Webseite ausgehen. Generell lässt sich sagen, dass die Bedeutung eines Backlinks umso höher ist, wenn die verlinkende Seite nur wenige Links enthält.[103]

Ein wichtiges Kriterium für die Bewertung von Backlinks sind die Verlinkungs-Texte oder auch **Ankertexte** genannt. Suchmaschinen bewerten diese Texte deswegen so hoch, weil sie davon ausgehen, dass Ankertexte eine Kurzbeschreibung der verlinkten Webseite darstellen. Es ist daher wichtig, Ankertexte mit relevanten Keywords zu verwenden.[104]

Ankertexte sind zwar ein wichtiges Signal, Suchmaschinen gehen jedoch einen Schritt weiter und untersuchen das Umfeld des Links. Dazu gehören beispielsweise folgende Faktoren:[105]

- **Links in der Nähe:** Wenn verlinkte Webseiten in der Nähe hohe Qualität haben und thematisch verwandt sind, hat das eine positive Auswirkung auf die Linkbewertung. Umgekehrt ist dies genauso negativ möglich.
- **Platzierung auf der Seite:** Die Position des Links kann auch ein Rankingfaktor sein. Es macht einen Unterschied ob ein Link prominent mitten im Text zu finden ist, oder versteckt rechts unten in einer Linksammlung.
- **Text in der Nähe:** Ähnlich wie bei Keywords, haben auch die Link-umgebenden Wörter Einfluss auf die Bewertung. Hier sollte der Inhalt zum Ankertext und der verlinkten Webseite passen.
- **Gesamtkontext** der Webseite

Es gibt noch zahlreiche weitere Kriterien, mit denen Suchmaschinen die Qualität von Backlinks und Backlinkprofilen bewerten. Ein Kriterium ist die Anzahl der **unterschiedlichen Domains**, von denen Backlinks stammen. Viele Links von der selben Domain haben weniger Bedeutung als wenige Links von unterschiedlichen Domains. Auch **zeitliche Faktoren** sind bei der Generierung von Backlinks zu beachten, so könnte beispielsweise ein plötzlicher, rasanter Anstieg von Links für Suchmaschinen ein Signal für spambasiertes Linkbuilding sein. Zu guter Letzt ist die **Vielfalt der Linkquellen** wichtig. Suchmaschinen interpretieren ein vielfältiges Linkprofil als weniger manipulierbar, da die Links von vielen unterschiedlichen Seiten wie Blogs, Verzeichnissen, Social Media, Medien etc. stammen.[106]

---

[103] vgl. ebenda
[104] vgl. Fischer, 2009, S.342
[105] vgl. Enge et al., 2012, S.347
[106] vgl. Enge et al., 2012, S.343 ff.

3 Social Signals als Rankingkriterium

Suchmaschinen versuchen laufend, die Relevanz ihrer Suchergebnisse zu verbessern um dem User die besten und passendsten Inhalte liefern zu können. Um dies zu garantieren, werden laufend Änderungen am Ranking-Algorithmus durchgeführt. Dies kann entweder eine andere Gewichtung und Mischung der einzelnen Rankingfaktoren sein, aber auch die Einführung von neuen Faktoren.[107]

Einer dieser vergleichsweise neuen Rankingfaktoren sind die sogenannten Social Signals. In diesem Kapitel wird versucht zu erläutern was Social Signals sind und ob, wie und warum Suchmaschinen Social Signals für Ihr Rankingverfahren verwenden. Auch soll der Einfluss und die Besonderheit von ausgewählten Social Media Plattformen dargestellt und miteinander verglichen werden.

Um diese Fragestellungen beantworten zu können, werden sowohl Fachliteratur, Fachartikel in Zeitschriften als auch Blogbeiträge und Online-Artikel von bekannten SEO-Persönlichkeiten herangezogen. Weiter wird auf Meinungen und Aussagen von SEO-Experten zurückgegriffen, mit denen im Rahmen dieses Buches Experteninterviews durchgeführt wurden. Die Interviewpartner sind im Anhang des Buches zu finden.

3.1 Definition von Social Signals

Der Einfluss von Social Media auf das Ranking von Webseiten bei Suchmaschinen ist eines der am meist diskutierten Themen in der SEO-Branche. Dabei ist auch oft nicht klar, was man genau unter Social Signals verstehen soll. Ein Versuch die Auswirkungen von Social Media auf das Website-Ranking zu definieren, ist die Unterscheidung zwischen direkten und indirekten Auswirkungen.[108]

3.1.1 Indirekte Auswirkungen auf das Ranking

Soziale Medien können das Ranking der Suchmaschinen auf verschiedene Weise auch indirekt beeinflussen:[109]

- **Generierung von Backlinks:** Die wichtigste indirekte Auswirkung von Social Media Marketing ist die Steigerung der Bekanntheit einer Firma oder Marke. Diese Bekanntheit wird über kurz oder lang zu mehr Backlinks auf die Webseite führen.

---

[107] vgl. Enge et al., 2012, S.397
[108] vgl. URL: http://www.seomoz.org/blog/your-guide-to-social-signals-for-seo [11.5.2013]
[109] vgl. ebenda

- **Positive Bewertungen:** Durch z.B. die Abwicklung des Kundendiensts über Social Media Kanäle, kann die Kundenzufriedenheit und das Kundenvertrauen sowie die Bindung an ein Unternehmen gesteigert werden. Dies wiederum führt zu vielen, positiven Bewertungen z.B. bei Google Plus Local oder Yelp, welche sich dann positiv auf das lokale Suchranking auswirken.
- **User-Informationen:** Durch die Bekanntheit über Social Media Marketing, kann das User-Surfverhalten positiv beeinflusst werden. Dazu gehören einen niedrigere Bounce-Rate, eine längere Verweildauer oder eine höhere Klickrate. Diese Informationen werden von Suchmaschinen für das Ranking herangezogen (siehe Kapitel 2.5.2.7).

3.1.2 Direkte Auswirkungen auf das Ranking

Die direkten Auswirkungen von Social Media für das Ranking von Webseiten zu klären, ist das Hauptziel dieses Kapitels. Hierbei geht es um konkrete Signale aus sozialen Medien wie Facebook, Twitter und Google+, die in direktem Zusammenhang mit Links auf Webseiten stehen. Die zentralen Signale hierbei sind:[110][111]

- Twitter
    - Links in Tweets
- Facebook
    - Links die auf Facebook geteilt wurden
    - Anzahl Likes von bei Facebook geteilten Links
    - Anzahl Kommentare von bei Facebook geteilten Links
- Google+
    - Links die auf Google+ geteilt wurden
    - Anzahl "+1" von bei Google+ geteilten Links
    - Anzahl Kommentare von bei Google+ geteilten Links

Wie stark der direkte Einfluss jeweils ist, wird in den Kapiteln 3.3 und 3.4 geklärt.

3.1.3 Nicht Ranking-relevante Auswirkungen

Neben den direkten und indirekten Auswirkungen von sozialen Medien auf das Ranking, gibt es auch noch andere Auswirkungen auf Suchmaschinen. Dies betrifft vor Allem die Darstellung der Suchergebnisse, bei Google vor Allem durch Google+, bei Bing durch die Integration von Facebook.

Bei der führenden Suchmaschine Google wird das hauseigene soziale Netzwerk Google+ verstärkt in die Suchergebnisseiten integriert. Diese personalisierte Darstellung der Ergebnisse wird von Google *Search, plus your world* genannt.[112] Die sichtbaren Auswirkun-

---

[110] vgl. Enge et al., 2012, S.401
[111] vgl. URL: http://www.seomoz.org/blog/your-guide-to-social-signals-for-seo [11.5.2013]
[112] vgl. URL: http://googleblog.blogspot.co.at/2012/01/search-plus-your-world.html [11.5.2013]

gen von Google+ auf die Google Suche werden detailliert in einem eigenen Kapitel (Kapitel 4) behandelt.

Bing, die zweitgrößte Suchmaschinen weltweit, verfügt über eine strategische Partnerschaft mit dem wichtigsten sozialen Netzwerk Facebook. Neben der Verwendung der Daten von Facebook, um Websites zu ranken, werden auch die Suchergebnisse von eingeloggten User personalisiert dargestellt. So werden zum Beispiel sogenannte *Social Results* rechts neben den Hauptergebnissen dargestellt (siehe Abbildung 14). Das erlaubt es den Nutzern, direkt aus der Suche heraus Postings von Freunden, die etwas mit dem eingegebenen Suchbegriff zu tun haben, zu *liken* oder zu kommentieren.[113]

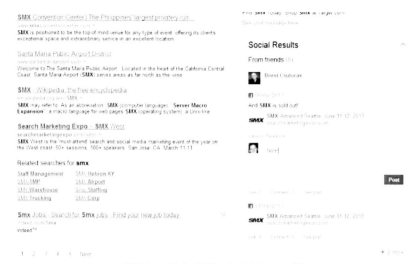

Abbildung 14: Social Results bei bing.com[114]

3.2 Gründe für Social Signals

Wie bereits zuvor mehrfach erwähnt, versuchen Suchmaschinen laufend die Qualität der eigenen Suchergebnisse zu verbessern. Seit der ersten Vorstellung von Google 1996, waren Links von Drittwebsites ein zentrales Zeichen für die Qualität und Relevanz einer Webseite und somit ein wichtiges Rankingkriterium (siehe Kapitel 2.5.3).

Dies war ein sehr logisches und gutes Konzept, da Google davon ausging, dass gesetzte Links bewusste Empfehlungen darstellen. Links sollten den User auf andere Webseiten

---
[113] vgl. URL: http://searchengineland.com/want-to-comment-on-facebook-now-you-can-from-bing-158981 [11.5.2013]
[114] URL: http://searchengineland.com/figz/wp-content/seloads/2013/05/SMX-Screen-600x363.png [11.5.2013]

verweisen und das ausschließlich aufgrund der hohen Qualität und des großartigen Inhalts eines Webangebotes. Wenn man es so ausdrücken will, dann waren Links schon vor mehr 15 Jahren so etwas wie *Social Signals*.[115]

Mit der Zeit wurde jedoch die Glaubwürdigkeit von Links als Qualitätsmerkmal immer geringer. Gute Rankingpositionen wurden immer wichtiger und brachten sehr viel Geld, deshalb versuchten viele Webseitenbetreiber das System der Suchmaschinen auszutricksen und Links von anderen Webseitenbetreibern zu kaufen oder zu tauschen. Diese Links haben und hatten jedoch keinerlei inhaltliche Relevanz mehr - die Qualität der Suchergebnisse wurde damit bedroht. Seither versuchen Suchmaschinen das sogenannte *Linkspamming* durch verschiedene Updates und Algorithmusänderungen einzudämmen.[116][117]

Die Entwicklung der letzten Jahre im Internet, Stichwort Web 2.0, machte eine aktive Mitwirkung der breiten Masse der User möglich. Die Nutzer wurden, unterstützt durch neue Technologien und Anwendungen, von Konsumenten zu Produzenten von Inhalten.[118]

Social Media Plattformen, wie zum Beispiel das soziale Netzwerk Facebook oder der Kurznachrichtendienst Twitter, sind für viele Menschen nicht mehr aus dem Alltag wegzudenken. Facebook hat eigenen Angaben zufolge 1,11 Milliarden User,[119] der Micro-Blogging Dienst Twitter 500 Millionen Nutzer.[120] Doch nicht nur die reine Anzahl der User ist imposant, sondern auch deren Aktivität auf den Plattformen. So werden beispielsweise auf Facebook täglich ca. 1 Milliarde Postings verfasst, bei Twitter sind es ungefähr 175 Millionen Tweets die abgesetzt werden.[121]

Die Reichweite und Masse von sozialen Medien ist ein Grund warum Suchmaschinen verstärkt Informationen aus diesen Plattformen verwenden. Der andere Grund ist die Qualität der geteilten Inhalte und die Relevanz für die User.[122]

Geteilte Inhalte in sozialen Medien sind in der Regel von hoher Relevanz für den User selbst oder sein Netzwerk an Followern (bei Twitter) oder Freunden (bei Facebook). Wenn jemand einen Link teilt, ist dieser meist spannend, lustig, informativ oder einfach interessant. Genau mit dieser Aktivität und den dazugehörigen Empfehlungen (z.B. Face-

---

[115] vgl. Enge et al., 2012, S.398
[116] vgl. Enge et al., 2012, S.399
[117] vgl. URL: http://support.google.com/webmasters/bin/answer.py?hl=en&answer=66356 [13.5.2013]
[118] vgl. Koch/Richter, 2007, S.2 f.
[119] vgl. URL: http://newsroom.fb.com/Key-Facts [13.5.2013]
[120] vgl. URL: http://www.telegraph.co.uk/technology/twitter/9945505/Twitter-in-numbers.html [13.5.2013]
[121] vgl. URL: http://thesocialskinny.com/100-more-social-media-statistics-for-2012/ [13.5.2013]
[122] vgl. Enge et al., 2012, S.400

book Like oder Google "+1") wird den Suchmaschinen im Prinzip "Redakteursarbeit" abgenommen, die Suchergebnisse werden somit nach Christoph Burseg *"...zu einem soziomischen System aus hart messbaren Qualitätsfaktoren und den Empfehlungen der Peergroup einer Thematik".*[123]

Ein weiterer Vorteil, der sich durch die Nutzung der Daten aus Social Software ergibt, ist der Aktualitätsvorteil für Suchmaschinen. Neue Links, die beispielsweise bei Google+ geteilt werden, können schnell aufgefunden werden und in den eigenen Index gelangen. Somit haben Suchmaschinen stets Informationen zu neuen Trends und spannenden Themen.[124]

Auch Mag. Martin Zelewitz bestätigt im Experteninterview die Sinnhaftigkeit der Verwendung von Social Signals aus Sicht der Suchmaschinen. Bei Suchmaschinen gehe es vor Allem um die Glaubhaftigkeit. Bei den unterschiedlichen Signalen die Suchmaschinen verwenden, speziell bei Links gehe es auch um die Manipulierbarkeit (wie zuvor erwähnt). Social Signals, vor Allem solche wo ein sinnvolles Nutzerprofil dahintersteht, seien nur sehr schwierig zu manipulieren, da Suchmaschinen durch Algorithmen Spam-Accounts relativ leicht identifizieren könnten.[125]

In der folgenden Tabelle werden mögliche Kriterien für die Signalbeurteilung in sozialen Netzwerken beschrieben. Dies macht deutlich, wie Suchmaschinen Spam- oder Fake-Accounts erkennen können, vorausgesetzt Suchmaschinen haben umfassenden Zugriff auf die Daten einer Plattform.

Signal	Erklärung
Sprachliche Metriken	Länge von Postings, Sprachstil, Rechtschreibfehler,...
Account-Signale	Surfprofil, weitere Dienste wie z.B. Google Mail,...
Aktivitätsindex	längerer Aufenthalt in Netzwerk mit Pausen ist natürlich
Follows/Follower	Verhältnis Follows zu Followern, oft bei bei Spam-Accounts auffällig
Tippgeschwindigkeit	große Unterschiede zwischen Bots und echten Usern
Reaktionen auf Postings	Immer gleiche Reaktionen sind ev. Hinweis für Spam-Netzwerk
etc.	

Tabelle 1: Kriterien zur Beurteilung von Nutzerprofilen[126]

---

[123] vgl. Burseg, Christoph: *Wie sozial sind Googles Suchergebnisse?*, in: Website Boosting, 03-04/2011, S.89
[124] vgl. Lewandowski, Dirk: *Wie Suchmaschinen von Social Software profitieren*, 2009, S.5
[125] vgl. Experteninterview mit Mag. Martin Zelewitz, 29.4.2013
[126] vgl. Fischer, Mario: *Quo vadis SEO?*, in: Website Boosting, 05-06/2012, S.44 ff.

3.3 Einfluss von Social Signals auf das Ranking

Über der Einfluss von Social Signals auf das Ranking von Webseiten bei Suchmaschinen wurde lange und intensiv diskutiert. Spätestens seit der offiziellen Bestätigung von Google durch Matt Cutts[127], Leiter des Webspam Teams bei Google, dass Social Signals (zum Beispiel Links aus Twitter und Facebook) als Rankingkriterium verwendet werden, ist das Thema wichtiger und aktueller als je zuvor.

Auch Mag. Martin Zelewitz ist der Meinung, dass der Einfluss von Social Media auf das Ranking nicht mehr bestritten werden kann. Gleichzeitig stehen aber immer noch viele Behauptungen im Raum, zum Beispiel "*viele Facebook Likes sind super! (für das Ranking)*". Diese Behauptungen gilt es erst zu beweisen.[128]

3.3.1 Studien über Social Signals

Die Meinungen über die Auswirkungen eines starken Facebook, Twitter oder Google+ Auftritts für das Ranking gehen unter den Experten sehr weit auseinander. Dies liegt wie bei allen Rankingkriterien daran, dass sich Google und andere Suchmaschinen nicht in den eigenen Algorithmus schauen lassen und deswegen eine komplette Analyse über die Auswirkungen nicht möglich ist.[129]

Den ersten Versuch den Einfluss von Social Signals auf das Ranking zu messen unternahm die amerikanische Software-Firma *SEOmoz*, spezialisiert auf SEO. Rand Fishkin[130], der Gründer von SEOmoz und anerkannte Experte für SEO, präsentierte am 19.4.2011 eine Studie über die Korrelation von Social Shares mit hohen Rankings bei Google. Die Ergebnisse sind in Abbildung 15 zu sehen.

---

[127] vgl. URL: http://www.youtube.com/watch?v=ofhwPC-5Ub4 [14.5.2013]
[128] vgl. Experteninterview mit Mag. Martin Zelewitz, 29.4.2013
[129] vgl. Vollmert, Markus: *Social SEO*, in: t3n Magazin, 29. Ausgabe, 4. Quartal 2012, S.44
[130] vgl. URL: http://www.seomoz.org/team/randfish [14.5.2013]

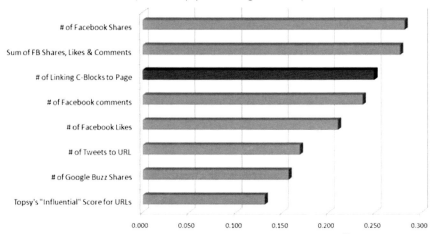

Abbildung 15: Korrelationsanalyse Social Signals von SEOmoz[131]

Die Daten stammen aus 10.217 Suchanfragen an google.com von Ende März 2011. Dabei wurden die Top-vorgeschlagenen Suchbegriffe aus dem Google AdWords Keyword-Tool für jede Kategorie verwendet und im Anschluss die Top 30 Suchergebnisse analysiert.[132]

Die Ergebnisse sind erstaunlich: Die Anzahl der Facebook Shares eines Links korrelieren relativ stark und eindeutig mit einem hohen Ranking bei Google. Facebook Shares sind laut dieser Analyse auch wichtiger als die Anzahl der Links von unterschiedlichen IP-C-Class-Netzen, welche als sehr wichtig erachtet werden. Auch Facebook Likes und Kommentare sowie Tweets von Twitter weisen eine hohe Korrelation mit guten Rankings auf.[133]

Eine weitere Studie stammt vom Berliner Search-Analysesoftware Anbieter *Searchmetrics*. In einem Whitepaper wurden Anfang 2012 die Rankingfaktoren in Deutschland (google.de) untersucht.

Dazu wurden ähnlich wie bei der SEOmoz-Analyse 10.000 Suchbegriffe ausgewählt, jedoch nicht die Top-Suchbegriffe nach Volumen sondern eine Mischung aus transaktionellen und informationsorientierten Suchbegriffen. Es wurden wie bei SEOmoz die Top 30-Suchergebnisse analysiert, was insgesamt. zu 30.000 analysierten SERP's führte sowie

---

[131] URL: http://cdn.seomoz.org/img/upload/social-factors-correlation.gif [14.5.2013]
[132] vgl. URL: http://www.seomoz.org/blog/facebook-twitters-influence-google-search-rankings [14.5.2013]
[133] vgl. Fischer, Mario: *Quo vadis SEO?*, in: Website Boosting, 05-06/2012, S.44 f.

300.000 Titles, Descriptions und URL's. Aus den sozialen Medien wurden beispielsweise über 170 Millionen Facebook Kommentare, 1,4 Milliarden Shares und 3,3 Milliarden Likes ausgewertet. Die Daten wurden zwischen Mitte Dezember 2011 und Januar 2012 erhoben.[134]

Bei der Studie wurden mutmaßliche Rankingfaktoren, also bestimmte Eigenschaften von Webseiten mit der Summe ihrer Positionen bei Google verglichen. Sind also in den vorderen Postionen der untersuchten Suchergebnisse viele Webseiten, die oft bei Twitter geteilt wurden entspricht dies einer hohen Korrelation. Die Korrelationen zeigen also die Merkmale der Seiten auf, die ein hohes Ranking haben.[135]

In Abbildung 16 sind die Ergebnisse der Searchmetrics-Studie im Überblick dargestellt. Die Korrelationen zwischen der verschiedenen Faktoren und den Google-Suchergebnissen werden mithilfe einer Spearman-Korrelation dargestellt. Je länger ein Balken ist, umso höher ist die Korrelation. Balken im Minus-Bereich haben eine negative Korrelation, das heißt diese Faktoren treten meist bei schlechteren Rankings auf.[136]

---
[134] vgl. Searchmetrics: *Whitepaper - SEO Ranking Faktoren Deutschland 2012*, S.6
[135] vgl. Searchmetrics: *Whitepaper - SEO Ranking Faktoren Deutschland 2012*, S.3
[136] vgl. Searchmetrics: *Whitepaper - SEO Ranking Faktoren Deutschland 2012*, S.4 f.

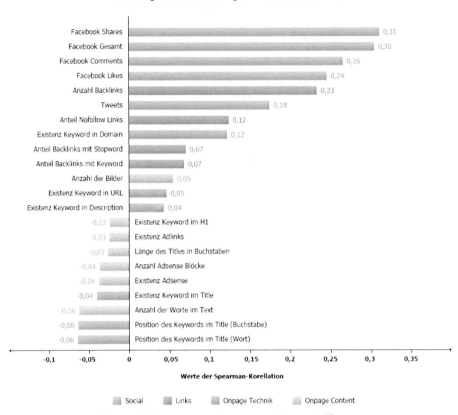

Abbildung 16: Ergebnisse der Searchmetrics-Studie 2012[137]

Die Ergebnisse ähneln denen der SEOmoz-Studie. Bei Searchmetrics haben Facebook-Shares die höchste Korrelation aller untersuchten Rankingfaktoren. Dahinter kommen die Facebook Kommentare und Likes, erst dann die Anzahl der Backlinks. Die Tweets aus Twitter folgen auf dem 6.Rang mit einer Korrelation von 0,18. Google+ scheint in dieser Analyse noch nicht auf, da Anfang 2012 noch nicht genügend Daten vorhanden waren um sinnvolle Aussagen treffen zu können.[138]

Im Rahmen der SEOkomm 2012 in Salzburg reichte Marcus Tober, Gründer und Geschäftsführer von Searchmetrics, die Spearman-Korrelation von vergebenen Google "+1"

---

[137] URL: http://www.searchmetrics.com/media/images/ranking-faktoren/ranking-faktoren-2012.png [14.5.2013]
[138] vgl. Searchmetrics: *Whitepaper - SEO Ranking Faktoren Deutschland 2012*, S.4 ff.

und guten Rankings bei Google nach, diesmal allerding speziell für Österreich. Diese beträgt demnach 0,26 - was in Österreich bei den Korrelationen sofort den 3. Rang bedeutet.[139]

Die Detailansicht der Signale je Rankingposition in Abbildung 17 zeigt, dass sich Social Signals sehr stark auf die vorderen Plätze der Suchergebnisse konzentrieren. Die x-Achse zeigt die Rankingposition, die y-Achse die Anzahl der Social Signals.[140]

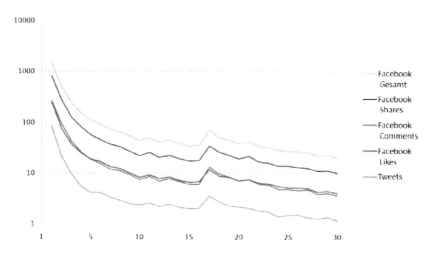

Abbildung 17: Detailansicht der Social Signals je Rankingposition[141]

Zusammenfassend kann gesagt werden, dass in den beiden Studien eindeutig eine positive Korrelation von Social Signals und guten Rankings bei Suchmaschinen (in diesem Fall Google) nachgewiesen werden konnte. Die Probleme und Limitationen der eben angeführten Studien werden in Kapitel 3.4 behandelt.

3.3.2 Limitationen der Studien

Ein großes Problem der oben genannten Studien ist, dass alleine durch eine hohe Korrelation von Social Signals (oder jedem anderen mutmaßlichen Rankingfaktor) mit guten Rankings noch nicht bewiesen ist, ob der Faktor tatsächlich einen Einfluss auf das Ranking hat oder nicht.[142]

---

[139] vgl. Tober, Marcus: *Social SEO - Eine Evolution des SEO*, SEOkomm2012, Salzburg
[140] vgl. Searchmetrics: *Whitepaper - SEO Ranking Faktoren Deutschland 2012*, S.9
[141] Searchmetrics: *Whitepaper - SEO Ranking Faktoren Deutschland 2012*, S.9
[142] vgl. Fischer, Mario: *Quo vadis SEO?*, in: Website Boosting, 05-06/2012, S.44 f.

Sowohl bei der Analyse von SEOmoz[143] als auch der bei der Searchmetrics-Studie[144] wird ausdrücklich auf diesen Umstand hingewiesen. Die meistgetätigte Aussage dabei lautet: "*Korrelation ist nicht gleich kausaler Effekt*".[145]

Diese Aussage lässt sich gut anhand von einem Beispiel aus der "echten" Welt erklären: Es ist durch Statistiken bewiesen, dass in Gebieten wo viele Störche leben, auch viele Kinder geboren werden - die Korrelation ist also positiv. Bei diesem Beispiel würde allerdings kaum jemand auf die Idee kommen hier einen kausalen Zusammenhang herzustellen und sagen, dass die Störche die Kinder bringen. Der Grund liegt vielmehr darin, dass Störche ganz einfach mehr in ländlichen Gebieten siedeln und dort aus ganz anderen Gründen mehr Kinder auf die Welt kommen.[146]

Eine entscheidende Frage die sich also nach diesen Analysen stellt ist: **Hat eine Webseite ein hohes Ranking wegen vielen Social Signals oder hat die Webseite viele Social Signals wegen dem hohen Ranking?** Diese Frage ist absolut berechtigt und kann mit den vorliegenden Ergebnissen nicht eindeutig beantwortet werden.[147] Seiten mit hohen Rankings haben meist viele Besucher, die dann wiederum die Inhalte in Social Media weiterverteilen können. Die Frage, ob nun Social Signals die Ursache oder die Wirkung von hohen Rankingpositionen sind, bleibt offen.[148]

Diese Meinung wird auch von Mag. Martin Zelewitz geteilt:

"*Die Studie beantwortet ja nicht die Frage ob es wirklich einen Kausalzusammenhang gibt sondern beobachtet nur, dass eine Webseite die in Social Media erfolgreich ist, häufiger auch bei Google erfolgreich ist, als eine Webseite die bei Social Media nicht erfolgreich ist. Ob das wirklich dann kausal zusammenhängt ist ein ganz anderes Thema.*"[149]

Mag. Roman Meingassner vertritt die Meinung, dass der Rankingfaktor Social Signals schwer überschätzt wurde. Nach seinen Erfahrungen ist Social Media eher ein Signal um die Popularität einer Seite zu erkennen als wirklich ein aktiver Rankingfaktor. Dies ist aber laut Meingassner auch stark vom jeweiligen Thema und der Konkurrenzsituation abhängig.[150]

---

[143] vgl. URL: http://www.seomoz.org/blog/facebook-twitters-influence-google-search-rankings [15.5.2013]
[144] vgl. Searchmetrics: *Whitepaper - SEO Ranking Faktoren Deutschland 2012*, S.7
[145] vgl. ebenda
[146] vgl. Fischer, Mario: *Quo vadis SEO?*, in: Website Boosting, 05-06/2012, S.42
[147] vgl. ebenda
[148] vgl. Vollmert, Markus: *Social SEO*, in: t3n Magazin, 29. Ausgabe, 4. Quartal 2012, S.46
[149] vgl. Experteninterview mit Mag. Martin Zelewitz, 29.4.2013
[150] vgl. Experteninterview mit Mag. Roman Meingassner, 14.5.2013

Die allgemeine Schwierigkeit bei Analysen im SEO-Bereich ist, dass eine Webseite und ein Rankingfaktor niemals alleine betrachtet werden dürfen. Wenn beispielsweise ein Online-Shop zuerst auf Platz 5 rankt, dann viele Likes auf Facebook bekommt und ein paar Monate später auf Position 1 ist, kann das für die positive Wirkung der Social Signals sprechen. Es ist aber genauso möglich, dass sich die anderen Seiten durch andere Ursachen verschlechtert haben. Auch können andere Änderungen des Rankingalgorithmus zum Aufstieg geführt haben (mehr als 500 Änderungen jährlich werden bei Google vermutet).[151]

3.4 Social Media Plattformen im Vergleich

Die Korrelationen, die Social Signals aus verschiedenen Plattformen mit guten Rankings haben wurden im vorigen Kapitel bereits vorgestellt. In diesem Kapitel sollen Hintergründe zu den Ergebnissen sowie die Besonderheiten der jeweiligen Plattform beleuchtet werden.

3.4.1 Twitter

Google und Bing bestätigten in einem Interview mit Danny Sullivan von *Search Engine Land* im Jahr 2010, dass geteilte Links bei Twitter als Ranking-Signal verwendet werden. Beide Suchmaschinen wiesen aber darauf hin, dass Sie darauf achten wer einen Link teilt. Links von Usern mit höherer Autorität werden dabei als wichtiger angesehen und somit auch stärker als Rankingsignal verwendet.[152]

Die Autorität der User könnte zum Beispiel mit folgenden Metriken bewertet werden:[153]
- Anzahl der relevanten Follower
- Verhältnis zwischen Followern und eigenen "Follows"
- Autorität der Follower
- Anzahl der Retweets bei eigenen Tweets
- Anzahl der Erwähnungen durch relevante User
- etc.

Google verfügte bis 2011 über eine direkte Datenanbindung an Twitter. Somit konnten Tweets direkt in die Suchergebnisse, damals *Google Realtime Search* genannt, übernommen werden. Diese Partnerschaft gibt es offiziell nicht mehr, jedoch werden laut Google trotzdem die für Webcrawler zugänglichen Informationen nach wie vor verwen-

---

[151] vgl. Fischer, Mario: *Quo vadis SEO?*, in: Website Boosting, 05-06/2012, S.42 f.
[152] vgl. URL: http://searchengineland.com/what-social-signals-do-google-bing-really-count-55389 [16.5.2013]
[153] vgl. Enge et al., 2012, S.402

det.[154] Inhalte von Twitter sind per Standardeinstellung öffentlich und somit auch für Suchmaschinen sichtbar. Es besteht jedoch auch die Möglichkeit Accounts mit geschützten Tweets zu betreiben, die dann auch Suchmaschinen nicht einsehen können.[155]

Sowohl für Twitter als auch für Facebook gilt, dass grundsätzlich alle externen Links in Tweets und Posts mit dem "nofollow"-Attribut versehen sind. Mit dem "nofollow" Attribut können Webmaster den Suchmaschinen die Anweisung geben, diese Links nicht zu verfolgen. Somit können sich Webseitenbetreiber besser gegen Kommentar-Spammer und Ähnlichem schützen.[156] Trotz dieser Tatsache, werden laut Google "nofollow"-Links trotzdem verwendet, da man erkannt hat wie relevant diese Webseiten (auch Wikipedia-Links sind mit "nofollow" versehen) im Internet sind.[157]

In einem Experiment von SEOmoz wurde die Wirkung von Twitter zur Indexierung von Webseiten getestet. Ziel war es, eine zuvor nicht von Google indexierte Website rein mit der Hilfe von Tweets in den Index zu bringen. Die Test-Webseite wurde ca. 300 mal bei Twitter geteilt und rankte für das Zielkeyword an Position 1 am Ende des Tages. Die Erkenntnisse aus diesem Experiment sind, dass Twitter nach wie vor für Google relevant ist und die Autorität des jeweiligen Twitter-Users mindestens genauso wichtig für Suchmaschinen ist, wie die reine Anzahl an Tweets.[158]

3.4.2 Facebook

Facebook als das größte Social Network ist natürlich auch für die Suchmaschinen äußerst interessant. Das Hauptproblem für Google ist, dass Facebook ein überwiegend geschlossenes System - auch *Walled Garden* genannt - ist und deswegen für Suchmaschinen nur öffentliche Seiten und Postings sichtbar sind. Alles was auf Privatprofilen mit entsprechenden Privatsphäre-Einstellungen passiert, bleibt für Suchmaschinen im Verborgenen.[159]

Klar ist, dass sowohl Google als auch Bing Signale aus Facebook verwenden. Die Autorität der User spielt auch bei Facebook, ähnlich wie bei Twitter eine wichtige Rolle. Das große Problem dabei ist jedoch, dass durch die privaten Daten eine Bewertung der Autorität, Relevanz und Vernetzung eines Users kaum bis gar nicht möglich ist.[160]

---

[154] vgl. URL: http://searchengineland.com/as-deal-with-twitter-expires-google-realtime-search-goes-offline-84175 [16.5.2013]
[155] vgl. URL: https://support.twitter.com/articles/334631-offentliche-und-geschutzte-tweets [16.5.2013]
[156] vgl. URL: http://support.google.com/webmasters/bin/answer.py?hl=de&answer=96569 [16.5.2013]
[157] vgl. Tantau, Björn: *"Social Linkbuilding": Mehr Reichweite bei Google mit sozialen Netzwerken*, in: Website Boosting, 05-06/2011, S.86
[158] vgl. URL: http://www.seomoz.org/blog/do-tweets-still-effect-rankings [16.5.2013]
[159] vgl. Tantau, 2012, S.171 f.
[160] vgl. URL: http://searchengineland.com/what-social-signals-do-google-bing-really-count-55389 [16.5.2013]

Die Suchmaschine Bing hat diesbezüglich einen strategischen Vorteil, da eine Partnerschaft mit Facebook besteht. Theoretisch hat Bing somit Zugriff auf mehr Daten, jedoch ist nicht ganz klar welche Daten Bing wirklich für das Ranking von Webseiten aus Facebook verwendet.[161]

Stefan Weitz, Direktor von Microsoft Search - also der Verantwortliche für Bing, erklärt in einem ausführlichen Interview mit Eric Enge, dass die Facebook Daten hauptsächlich für die sogenannte *Social Search*, also für personalisierte Suchergebnisse getrennt von den "normalen" Suchergebnissen verwendet werden (siehe Kapitel 3.1.3).[162]

Zu der Auswirkung von Facebook-Likes auf das Ranking meint Weitz:
"The notion of a Like is still a little bit perplexing from a ranking perspective. What does a Like mean for a page? Does the user like the design, the content, or maybe just the picture? We tend to not just use a pure Like signal to do ranking. There may be some small boost." [163]

Bei Bing ist man sich also noch nicht sicher, warum ein User ein Like für etwas vergibt und deswegen spielt es als Signal für das "normale" Ranking noch eine untergeordnete Rolle. Ähnliche Aussagen gibt es auch für Facebook-Shares.[164]

3.4.3   Google+

Für die Google Suche hat vor Allem das eigene Social Network Google+ eine hohe Bedeutung. Die Einführung von *Search, plus your world* im Jahr 2012[165] war laut vielen Experten die größte Veränderung der Google Suche in den letzten Jahren. Hierdurch wird es für den User möglich, zwischen normalen und personalisierten Suchergebnissen zu wechseln. Bei den personalisierten Suchergebnissen fließen Empfehlungen von Google+ Freunden ein, das Ranking ändert sich dementsprechend, dies gilt allerdings nur für eingeloggte User.[166]

Search, plus your world ist vergleichbar mit der *Social Search* von Bing (siehe Kapitel 3.1.3). Die genauen Auswirkungen auf die Darstellung der Suchergebnisse werden in Kapitel 4 behandelt.

---

[161] vgl. Tantau, Björn: *"Social Linkbuilding": Mehr Reichweite bei Google mit sozialen Netzwerken*, in: Website Boosting, 05-06/2011
[162] vgl. URL: http://www.stonetemple.com/graph-search-social-search-with-bings-stefan-weitz/ [16.5.2013]
[163] URL: http://www.stonetemple.com/graph-search-social-search-with-bings-stefan-weitz/ [16.5.2013]
[164] vgl. URL: http://www.stonetemple.com/graph-search-social-search-with-bings-stefan-weitz/ [16.5.2013]
[165] vgl. URL: http://googleblog.blogspot.co.at/2012/01/search-plus-your-world.html [17.5.2013]
[166] vgl. Alpar, Andre / Metzen, Maik: *Schon heute um SEO für Google+ kümmern*, in: t3n Magazin, 27. Ausgabe, 2. Quartal 2012

Wie bereits in Kapitel 3.3.1 vorgestellt, haben Social Signals aus Google+ eine hohe Korrelation mit guten Rankings.

Ein interessantes Experiment von *Searchmetrics* präsentierte Marcus Tober bei der SEOkomm 2012 in Salzburg: Es wurde untersucht, inwieweit Facebook und Google+ eine bisher nicht indexierte Webseite in den Google Index bringen können. Dazu wurden 2 einzigartige Artikel ohne externe und interne Links und ohne Social Signals veröffentlicht. Das Ergebnis war, dass die auf Google+ geteilten Seiten innerhalb kürzester Zeit mithilfe von nur wenigen "+1" rankten. Im Gegensatz dazu wurden die Testartikel bei Facebook mehr als hundertmal geteilt und brauchten signifikant länger um von Google indexiert zu werden, noch dazu rankten sogar die durch Google+ gepushten Artikel besser.[167]

Ein ähnliches Experiment wurde von *Tasty Placement* durchgeführt. Auch hier hatte Google+ klar den größten Einfluss auf das Ranking.[168]

Die hohe Bedeutung von Google+ für Suchmaschinen wird auch von Mag. Martin Zelewitz bestätigt. Er unterscheidet dabei zwischen 2 Aspekten: Dem Aspekt des Rankings und dem Aspekt der Darstellung von Suchergebnissen, bei denen Google+ einen großen Hebel habe. Insgesamt schätzt er die Bedeutung von Google+ für SEO als wichtiger ein als andere Plattformen wie Facebook oder Twitter.[169]

Ein großer Vorteil für Google ergibt sich durch die Daten von Google+ für die Bewertung der User. Im Gegensatz zu Facebook, kann Google jetzt ganz genau analysieren, wer mit wem vernetzt ist, wie aktiv ein User ist und ob die Inhalte bei anderen User beliebt und populär sind - dies wird oft auch als *Social Graph* bezeichnet. Somit wird es für Google möglich zu identifizieren, welcher User Experte für ein gewisses Gebiet ist. Die geteilten Inhalte dieser User werden somit höher gewichtet werden als die von anderen.[170]

In Abbildung 18 sind diese "Social Votes" dargestellt. Google weiß alles über das Google+ Netzwerk eine Users und kann somit die Bedeutung einer Empfehlung besser interpretieren und gewichten.

---

[167] vgl. Tober, Marcus: *Social SEO - Eine Evolution des SEO*, SEOkomm2012, Salzburg
[168] vgl. URL: http://www.tastyplacement.com/infographic-testing-social-media-signals-in-search [16.5.2013]
[169] vgl. Experteninterview mit Mag. Martin Zelewitz, 29.4.2013
[170] vgl. Fischer, Mario: *Quo vadis SEO?*, in: Website Boosting, 05-06/2012, S.49 f.

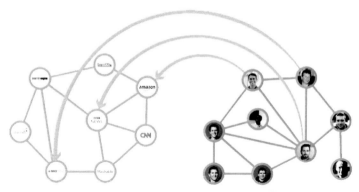

Abbildung 18: Darstellung von Social Votes[171]

3.5 Social Sharing Möglichkeiten

Social Sharing Buttons sind eine Möglichkeit für einen Webseiten-Betreiber die eigenen Inhalte von den Usern in die sozialen Netzwerke zu tragen und somit mehr Reichweite zu schaffen. Dies ist eine einfache und günstige Möglichkeit mehr Aufmerksamkeit für das eigene Angebot zu erreichen, die User werden verstärkt animiert Inhalte in ihrem sozialen Umfeld zu verteilen.[172]

Alleine die Tatsache, Social Sharing Möglichkeiten auf der Webseite anzubieten verschafft keinen Vorteil für das Ranking bei Suchmaschinen. Dies wurde in einer Studie nachgewiesen.[173] Die aktive Verbreitung der Inhalte auf den diversen Social Media Plattformen, sprich die Social Signals, wirken sich dann aber (vermutlich) positiv auf das Ranking aus (siehe gesamtes Kapitel 3).

Für Mag. Roman Meingassner hängt der Erfolg und somit die Sinnhaftigkeit von Social Sharing Buttons stark mit dem Content einer Webseite zusammen. Bei sehr attraktivem Content sind Sharing-Möglichkeiten eine sehr gute Methode um virales Marketing zu betreiben.[174]

In Abbildung 19 sind Daten von *Searchmetrics* über die aktuelle Verbreitung von Social Media Buttons auf österreichischen Webseiten zu sehen. Ein Facebook-Share Button ist mit 24,19% am häufigsten eingebaut, gefolgt von Google+ und Twitter. Nur 6,2% der Seiten bieten alle 3 Sharing-Möglichkeiten an. Pinterest und andere Plattformen haben keine

---

[171] URL: http://cdn.seomoz.org/img/upload/social_votes.png [17.5.2013]
[172] vgl. URL: http://mashable.com/2011/03/11/add-social-sharing-buttons/ [17.5.2013]
[173] vgl. Burseg, Christoph: *Wie sozial sind Googles Suchergebnisse?*, in: Website Boosting, 03-04/2011
[174] vgl. Experteninterview mit Mag. Roman Meingassner, 14.5.2013

nennenswerte Verbreitung. Hier gibt es noch eindeutigen Aufholbedarf für österreichische Webmaster.

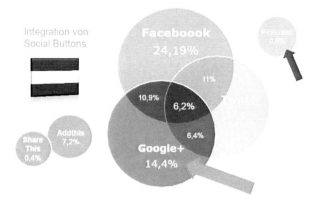

Abbildung 19: Integration von Social Buttons auf österreichischen Webseiten[175]

---

[175] Tober, Marcus: *Social SEO - Eine Evolution des SEO*, SEOkomm2012, Salzburg, Folie 23

4 Google+ in den Suchergebnissen

Google+ ist das eigene soziale Netzwerk von Google, welches am 28.6.2011 offiziell startete.[176] Aktuell gibt es bei Google+ 190 Millionen aktive Nutzer und insgesamt rund 500 Millionen registrierte Profile. Zum Vergleich: Facebook hat 1,11 Milliarden aktive Nutzer, bei Twitter sind es ca. 200 Millionen.[177] Erstaunlich war vor Allem das rasante Wachstum von Google+ gegenüber den anderen Social Media Plattformen wie Facebook oder Twitter.[178]

Wie schon bereits zuvor erwähnt (Kapitel 3.1.3 und 3.4.3) hat Google+ direkte Auswirkungen auf die Darstellung der Google Suchergebnisse. Das Konzept, welches hinter den individualisierten SERPs steckt, wird von Google *Search, plus your world* genannt.

4.1 Search, plus your world

In diesem Kapitel werden die sichtbaren Auswirkungen von Google+ auf die Google Suche untersucht. Dafür werden die Ergebnisse aus google.com verwendet, da dort die Integration von Google+ bereits weiter ausgeprägt ist. Die beschriebenen Auswirkungen gelten nur für eingeloggte User mit Google+ Profil, in diesem Fall wurden die Suchanfragen mit meinem Google-Account (inklusive Google+ Profil[179]) durchgeführt. Da es ja bei Google's *Search, plus your world* um individuelle Suchergebnisse geht, unterscheiden sich natürlich auch die Ergebnisse von User zu User.

Google zeigt in den Suchergebnissen verstärkt von Freunden auf Google+ empfohlene Inhalte an. In Abbildung 20 sind meine personalisierten Suchergebnisse für den Suchbegriff "red bull" zu sehen. Über den Suchergebnissen (1) sieht man, dass Google 20 persönliche Resultate gefunden hat und anzeigt. Die kleine Figur neben den Suchergebnissen (2) kennzeichnet die persönlichen Suchergebnisse - ohne Google+ würde ich dieses Ergebnis so nicht sehen.[180]

Bei Punkt 3 und 4 in Abbildung 15 sind die schon angesprochenen Empfehlungen aus meinem Google+ Netzwerk zu sehen, einerseits durch "+1" Auszeichnungen (3), andererseits durch einen geteilten Link (4).

---

[176] vgl. URL: http://mashable.com/category/google-plus/ [6.6.2013]
[177] vgl. URL: http://www.wds7.at/2013/05/aktuelle-social-media-zahlen-2013/ [6.6.2013]
[178] vgl. URL: http://www.huffingtonpost.com/2011/08/03/google-plus-fastest-growing-social_n_917389.html [6.6.2013]
[179] URL: https://plus.google.com/107869633975194737344 [19.5.2013]
[180] vgl. Tantau, 2012, S.176 f.

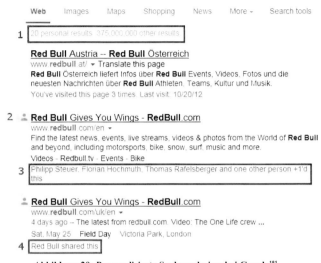

Abbildung 20: Personalisierte Suchergebnisse bei Google[181]

Die Empfehlungen von Google+ Usern in Form von "+1" oder Shares stellen Empfehlungen dar. Durch diese Empfehlungen ist man als User eher geneigt, auf ein solches Ergebnis zu klicken, was sich positiv auf die Klickrate auswirkt. Die Klickrate wiederum ist ein möglicher Rankingfaktor für Google (siehe Kapitel 2.5.2.7).[182]

Auch Mag. Roman Meingassner sieht in den persönlichen Empfehlungen einen direkten Einfluss auf die Klickentscheidung:

> Wenn ich z.B. eine Produktsuche bei Google mache und sehe, dass 3 meiner Arbeitskollegen ein Produkt "geplusst" haben ist das eine vertrauensschaffende Auszeichnung.[183]

Auf der rechten Seite der Suchergebnisse wird, wie in Abbildung 21 zu sehen ist, die jeweilige Google+ Unternehmensseite (sofern diese existiert) prominent mit Logo angezeigt (2). Zusätzlich sind die letzten Postings aus Google+ direkt zu sehen. Bei Google.com hat

---

[181] vgl. Suche auf google.com im eingeloggtem Zustand (Suchbegriff: "red bull") [19.5.2013]
[182] vgl. URL: http://mashable.com/2012/02/21/google-plus-1-seo/ [20.5.2013]
[183] vgl. Experteninterview mit Mag. Roman Meingassner, 14.5.2013

der User außerdem die Wahl, ob er personalisierte Suchergebnisse sehen will oder nicht (1).[184]

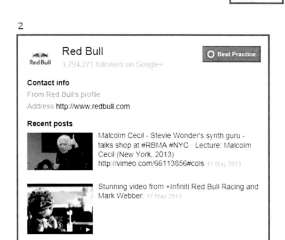

Abbildung 21: Rechte Seite der Google SERP[185]

Bei einigen Suchbegriffen erscheint rechts die "Google+ Box" auch, wenn man nicht eingeloggt ist. Ein Beispiel dafür ist die Suche nach "Chip" (Computerzeitschrift) bei Google.de.[186]

Für Unternehmen ergibt sich aus dieser Integration von Google+ Inhalten eine große Chance um von der Reichweite der Google Suche direkt zu profitieren. Das eigene Logo und der Firmenname werden prominent rechts angezeigt und das ganz ohne dafür bezahlen zu müssen.[187]

Vor Allem wenn es um Marken-Begriffe geht, sieht Mag. Martin Zelewitz ein großes Potenzial in der attraktiveren Darstellung in der SERP. Für Ihn spielt in diesem Zusammenhang auch die Absicherung der eigenen Marke eine wesentliche Rolle.[188]

---

[184] vgl. URL: http://www.webmarketingblog.at/2012/01/14/google-search-plus-your-world/ [20.5.2013]
[185] vgl. Suche auf google.com im eingeloggtem Zustand (Suchbegriff: "red bull") [19.5.2013]
[186] vgl. Tantau, 2012, S.181
[187] vgl. Tantau, 2012, S.178 f.
[188] vgl. Experteninterview mit Mag. Martin Zelewitz, 29.4.2013

4.2 Autorenverknüpfung

Google+ bietet die Möglichkeit durch die Verwendung des "rel=author"-Tags, Inhalte auf Webseiten mit den dazugehörigen Autorenprofilen auf Google+ zu verknüpfen. Dazu muss ein Link von der Webseite zum Google+ Profil erstellt werden und vom Google+ Profil muss auf die jeweilige Webseite verlinkt werden. Google erklärt die Verknüpfung Schritt für Schritt.[189] Die korrekte Einrichtung kann mithilfe des *Structured Data Testing Tools* selbst überprüft werden.[190]

Google kann somit die Qualität von Links zu anderen Webseiten (bei Verwendung der Autorenverknüpfung) noch genauer bestimmen, da man weiß, von welcher Person der Link erstellt wurde.[191] Es handelt sich hierbei um die Erweiterung der *Social Votes*, die schon in Kapitel 3.4.3 erläutert wurden.

Ein Änderung, die sich durch die "rel=author"-Verknüpfung für Autoren und Webseitenbetreiber ergibt, ist die Anzeige des Google+ Profils inklusive Bild in der SERP (wie in Abbildung 22 zu sehen).[192]

Google Authorship Markup: How to get your picture in search results.

blog.kissmetrics.com/**google-authorship**/ ▾
by Andy Crestodina - in 4,312 Google+ circles
Here are the three steps to follow to get **Google Authorship** markup working, along with tips for troubleshooting.

Abbildung 22: Auswirkung der Autorenverknüpfung in der Google SERP[193]

Der große Vorteil dieser Profilbilder in der SERP ist die größere Aufmerksamkeit, die ein solches Suchergebnis auf sich zieht. Diese Aufmerksamkeit bringt mehr Klicks, was einerseits mehr Traffic auf die Webseite bringt, andererseits die Klickrate steigert, die sich wiederum positiv auf ein gutes Ranking auswirkt (siehe Kapitel 2.5.2.7). Die gesteigerte Klickrate bei Erscheinen des Profilbilds in den Ergebnissen konnte in mehreren Experimenten nachgewiesen werden, wobei die beobachteten Steigerungen unterschiedlich ausfielen.[194]

---

[189] vgl. URL: http://support.google.com/webmasters/bin/answer.py?hl=de&answer=2539557 [20.5.2013]
[190] URL: http://www.google.com/webmasters/tools/richsnippets [20.5.2013]
[191] vgl. URL: http://www.seomoz.org/blog/authorship-google-plus-link-building [20.5.2013]
[192] vgl. URL: http://support.google.com/webmasters/bin/answer.py?hl=de&answer=1408986 [20.5.2013]
[193] vgl. Suche auf google.com im eingeloggtem Zustand (Suchbegriff: "google authorship") [20.5.2013]
[194] vgl. URL: https://plus.google.com/+MarkTraphagen/posts/9aRRPbDvLzY [20.5.2013]

4.3 Websiteverknüpfung

Zusätzlich zu der Möglichkeit von "rel=author" einzelne Inhalte mit Google+ Profilen zu verbinden, kann mit dem "rel=publisher"-Tag eine gesamte Webseite mit einer Google+ Unternehmensseite verbunden werden.[195]

Google erkennt dadurch die Google+ Unternehmensseite als offizielle "Visitenkarte" eines Unternehmens, die auch teilweise in der SERP bei manchen Suchanfragen dargestellt wird. Die Auswirkung dieses Tags ist jedoch noch nicht so klar erkennbar wie die der Autorenverknüpfung.[196]

Ein klarer Vorteil der Websiteverknüpfung mit Google+ ist bei AdWords-Anzeigen mit den *Social Extensions* zu finden. Hier wird zwischen *Basic* und *Personal* unterscheiden, wobei es bei beiden um die Anzeige von vergebenen "+1" für die Google+ Seite des Unternehmens geht. Auch hier bewirkt die Integration von Google+ mehr Aufmerksamkeit und Vertrauen beim Suchenden, was zu einer höheren Klickrate führt.[197]

In Abbildung 23 ist eine AdWords-Anzeige mit *Social Extension vom* Computerhersteller *Dell* zu sehen.

Abbildung 23: AdWords-Anzeige mit Social Extension[198]

Für Mag. Martin Zelewitz hängt die Sinnhaftigkeit der Autorenverknüpfung und Websiteverknüpfung mit dem Content zusammen, den ein Unternehmen veröffentlicht. Für trockene Produktbeschreibungen beispielsweise ist es seiner Meinung nach schwieriger. Aber:

> Dort wo sich ein Unternehmen einfach darüber traut, Content auch ein bisschen lustiger, interessanter, ungewöhnlicher zu präsentieren und diese Brücke zu Social Media

---

[195] vgl. URL: http://support.google.com/webmasters/bin/answer.py?hl=de&answer=1708844 [20.5.2013]
[196] vgl. URL: http://www.websitemagazine.com/content/blogs/posts/archive/2013/02/05/the-difference-between-rel-author-amp-rel-publisher.aspx [20.5.2013]
[197] vgl. URL: http://www.seomoz.org/blog/new-adwords-social-extension-displays-google-1s-in-ppc-ads [20.5.2013]
[198] URL: http://www.hmtweb.com/images/social-extensions-example.jpg [20.5.2013]

zu schlagen würde ich auf jeden Fall die Verknüpfungen mit rel=author und rel=publisher empfehlen.[199]

4.4 SEO Tipps für Google+

Um Google+ effektiv und erfolgreich für SEO-Zwecke einzusetzen sollte man einige Dinge beachten. In diesem Kapitel sind Tipps zusammengestellt, die helfen sollen bei Google+ erfolgreich zu sein.

4.4.1 Autorenverknüpfung

Wie bereits in Kapitel 4.2 dargestellt wurde, ist die Autorenverknüpfung mithilfe des "rel=author"-Tags unbedingt zu empfehlen. Der eindeutige Vorteil liegt in der Darstellung des Google+ Profilbilds in den Suchergebnissen, was zu einer höheren Klickrate und somit auch einem höheren Ranking führt. Die Bedeutung der Klickrate für das Ranking wurde bereits in Kapitel 2.5.2.7 dargelegt.

4.4.2 Websiteverknüpfung

Ähnlich verhält es sich mit der Websiteverknüpfung (siehe Kapitel 4.3). Durch den Einsatz des "rel=publisher"-Tags hat man die Chance als Unternehmen prominent auf der Google Suchergebnisseite dargestellt zu werden.

4.4.3 Backlinks aus dem Profil

Google+ bietet die Möglichkeit aus dem eigenen Profil heraus auf Webseiten zu verlinken und somit das Ranking der eigenen Webseite zu verbessern (siehe Off-Page-Faktoren Kapitel 2.5.3). Möglich ist dies unter dem Menüpunkt "Über mich" im "Intro"-Bereich. Im Gegensatz zu anderen Social Media Plattformen handelt es sich hierbei um einen "Do-Follow"-Link, also einen Link der von Suchmaschinen weiterverfolgt wird. Hierbei handelt es sich um einen sehr wertvollen Backlink, da plus.google.com eine echte Google-Domain ist und somit - wenig überraschend - für die Suchmaschine eine hohe Bedeutung hat.[200]

4.4.4 Teilen von Links

Um Google+ für die Suchmaschinenoptimierung sinnvoll zu nutzen und von Social Signals profitieren zu können, ist es sehr wichtig dort Links (von der eigenen Webseite) zu teilen. Hierbei spielt auch eine Rolle, wie gut ein geteilter Link bei den eigenen Followern ankommt, das heißt wie oft dieser wiederum geteilt wird oder mit Kommentaren und "+1" ausgezeichnet wird.[201]

---

[199] vgl. Experteninterview mit Mag. Martin Zelewitz, 29.4.2013
[200] vgl. Tantau, 2012, S.186
[201] vgl. URL: http://moz.com/blog/tips-to-use-google-for-seo [6.6.2013]

4.4.5 Optimierung des Google+ Title Tags

Der erste Satz eines Google+ Postings wird ein Teil des Title-Tags der Webseite. Die hohe Bedeutung des Title-Tags für ein gute Position in den Suchergebnissen wurde schon in Kapitel 2.5.2.4 vorgestellt. Was für alle andere Webseiten gilt, das gilt auch für Google+, deshalb sollte man darauf achten die wichtigsten Keywords im ersten Satz eines Postings unterzubringen.[202]

4.4.6 Promotion für das Google+ Profil

Um mehr User auf das eigene Profil aufmerksam zu machen, mehr Autorität aufzubauen um somit einen höheren Einfluss für SEO erzielen zu können ist es unerlässlich das eigene (Unternehmens-) Profil auf Google+ zu promoten. Dazu hat mehrere Möglichkeiten, sowohl online als auch offline. Online ist es sehr sinnvoll sein Profil z.B. mithilfe eines Google+ "Badges" auf der eigenen Webseite oder dem Blog zu bewerben. Dafür gibt es von Google aber auch von Drittanbietern vorgefertigte "Badges", deren HTML-Code einfach auf der eigenen Webseite eingebaut werden kann. Aber auch an anderen Stellen im Internet kann das Google+ Profil beworben werden wie z.B. auf anderen sozialen Netzwerken, in der E-Mail Signatur oder am Ende von eigenen Youtube-Videos, hierbei sind der Kreativität keine Grenzen gesetzt. Genauso kann der Google+ Auftritt auch offline beworben werden, beispielsweise auf der Visitenkarte, auf Prospekten oder Werbegeschenken.[203]

4.4.7 Hohe Qualität der Inhalte

Promotion ist wichtig um User überhaupt auf ein Profil aufmerksam zu machen. Um mit einem Profil aber langfristig eine Autorität auf Google+ zu werden, sind gute Inhalte das entscheidende Kriterium. Hierfür gibt es kein allgemeingültiges Rezept um Erfolg zu haben, es geht vielmehr darum zu wissen für was man als Unternehmen steht und welche Inhalte für die Google+ User interessant und spannend sein könnten.[204] Gute Inhalte werden oft von anderen Usern geteilt, was wiederum gut für das Ranking einer Webseite ist (=Social Signals).

Zusätzlich zum inhaltlichen Aspekt spielt auch die Präsentation eine Rolle. Hierfür bietet Google+ einige Möglichkeiten um Postings attraktiver und lesbarer zu machen (Fett, Kursiv etc.). Auch der Einsatz von "Hashtags" ist eine Möglichkeit um die Inhalte für andere User besser auffindbar zu machen und somit mehr Aufmerksamkeit für die eigene Google+ Seite zu generieren.[205]

---

[202] vgl. URL: http://moz.com/blog/tips-to-use-google-for-seo [6.6.2013]
[203] vgl. Tantau, 2012, S.153 ff.
[204] vgl. Steuer, Philipp: *Plus Eins*, 2012, S.69
[205] vgl. URL: http://www.blindfiveyearold.com/google-plus-seo [6.6.2013]

4.4.8 Hohes Aktivitätslevel

Mit Aktivität ist gemeint, aktiv mit den eigenen Followern zu kommunizieren und zu interagieren. Dazu gehört die Reaktion auf Kommentare, das Verteilen von "+1" oder das Teilen von anderen guten Inhalten.[206] Auch das regelmäßige Posten von Inhalten gehört dazu, um für die eigenen Follower interessant zu bleiben.[207]

4.4.9 Verbindung mit Autoritäten

Für die Autorität eines Google+ Profils ist nicht nur die Anzahl der Follower entscheidend sondern auch wer diese Follower sind (siehe Kapitel 3.4.3). Um ein stärkeres Google+ Profil zu haben, sollte man versuchen Verbindungen zu Autoritäten aufzubauen. Neben einem guten Content (siehe 4.4.7) gibt es noch andere Möglichkeiten um Aufmerksamkeit zu erregen beispielsweise jemanden in einem Posting zu erwähnen oder zu den eigenen Kreisen hinzuzufügen. Diese und noch einige andere Methoden verursachen Benachrichtigungen bei anderen Usern.[208]

4.4.10 Anbieten von Sharing Möglichkeiten

Wie schon bereits in Kapitel 3.5 erläutert, sind Social Sharing Buttons auf der eigenen Webseite ein sehr gutes Mittel um die User anzuregen die Inhalte zu teilen. So kann man als Unternehmen effektiv von der positiven Wirkung der Social Signals profitieren. Das gilt natürlich auch für Google+ da die meisten Social Sharing Plug-Ins auch Google+ integriert haben.[209]

---

[206] vgl. Steuer, Philipp: *Plus Eins*, 2012, S.68
[207] vgl. Tantau, 2012, S.151
[208] vgl. URL: http://moz.com/blog/tips-to-use-google-for-seo [6.6.2013]
[209] vgl. URL: http://www.blindfiveyearold.com/google-plus-seo [6.6.2013]

5 Auswertung der Expertenbefragungen

5.1 Methodik

Um die zentrale Problemstellung des Buches noch eingehender beantworten zu können, wurden im Rahmen der vorliegenden Studie zwei Interviews mit Experten auf dem Fachgebiet der Suchmaschinenoptimierung durchgeführt. Die Befragungen sollen dabei helfen, die bereits in den vorhergehenden Kapiteln erlangten Erkenntnisse zu stützen oder gegebenenfalls neue Thesen zu aufzustellen. Dabei muss jedoch klar festgehalten werden, dass es sich hier um persönliche Meinungen von einzelnen Personen handelt, die trotz Ihrer Stellung als Experten nicht repräsentativ sind.

Da es sich bei dem Thema der Studie "Einfluss von Social Media auf die Suchmaschinenoptimierung mit spezieller Betrachtung von Google+" um ein sehr aktuelles Thema handelt, zu dem es nur wenige wissenschaftliche Informationen gibt, bietet sich eine qualitative Befragung an. Hier geht es vor Allem darum Hypothesen zu generieren.[210]

Die persönlichen Interviews wurden Face-to-Face in Salzburg durchgeführt. Vor den Treffen mit den Experten, wurde selbigen ein Interviewleitfaden mit 12 Fragen per E-Mail zugeschickt. Der Leitfaden diente einerseits dazu, die Befragten im Vorhinein über das Thema zu informieren, andererseits als Hilfe um im Gespräch selbst einen roten Faden zu verfolgen. Die Interviews wurden mit einem Diktiergerät, mit Einverständnis der Gesprächspartner, aufgezeichnet und später transkribiert. Informationen über die Interviewpartner sind im Anhang zu finden. Die Auswertung der Interviews wurde mithilfe der zusammenfassenden Inhaltsanalyse durchgeführt.

5.2 Ergebnisse der Interviews

Den Einfluss von Social Signals auf das Ranking von Webseiten wird von beiden Interviewpartnern als derzeit noch eher gering eingeschätzt. Für Meingassner sind Social Signals kein aktiver Rankingfaktor sondern nur ein begleitendes Signal um die Popularität einer Webseite bestimmen zu können. Beide Experten schreiben zum Zeitpunkt heute anderen Rankingfaktoren wie Backlinks (siehe Kapitel 2.5.3) oder dem Inhalt einer Webseite (siehe Kapitel 2.5.2.5) einen höheren Einfluss auf das Ranking zu.

Meingassner und Zelewitz sehen in der Nutzung von Social Signals durch Suchmaschinen als Rankingfaktor eine sinnvolle und logische Herangehensweise. Social Signals sind ein einfaches Signal für Suchmaschinen, die Qualität und Relevanz der Suchergebnisse

---

[210] vgl. Mayring, 2003, S.20

zu verbessern und genau diese hohe Qualität der Ergebnisse sicherzustellen ist das höchste Ziel der Suchmaschinen. Zelewitz bestätigt die Meinung aus der Literatur, dass echte Social Media Profile relativ einfach durch Algorithmen von *Fake* und *Spam*-Profilen unterschieden werden können (siehe Kapitel 3.2).

Wenn es um Studien geht, die versuchen Korrelationen zwischen hohen Rankings und vielen Social Signals nachzuweisen, sind beide Experten sehr skeptisch. Während Martin Zelewitz den unklaren kausalen Zusammenhang von Social Signals und dem Ranking hervorhebt und somit die gängige Expertenmeinung bestätigt (siehe Kapitel 3.3.2), führt Roman Meingassner sein eigenes Unternehmen als Beispiel an um die Grenzen der Studie aufzuzeigen. In seinem Unternehmen (yelsterdigital GmbH) wird kaum Social Media Marketing betrieben, die Webseiten haben aber in den Google Suchergebnissen viele Top 10-Positionen. Dies sei aber auch sehr stark Branchen-, Themen- und Konkurrenzabhängig.

Bei der Frage, wie Unternehmen vorgehen sollen, um Social Signals für sich nutzen zu können, gibt es unterschiedliche Meinungen. Für Martin Zelewitz sind gut vernetzte und erfolgreiche Social Media Profile und eine damit einhergehende Social Media Affinität wichtig. Roman Meingassner streicht die Bedeutung eines attraktiven Contents im Social Media Bereich heraus. Klar wird bei beiden Aussagen, dass Social Signals sehr stark mit Social Media Marketing zusammenhängen, weniger mit SEO selbst.

Meingassner und Zelewitz sprechen eine eindeutige Empfehlung für Unternehmen aus, auf Google+ aktiv zu sein. Dies wird hauptsächlich mit der erhöhten Sichtbarkeit beispielsweise durch die Autorenbilder in der SERP argumentiert. Somit bestätigen die beiden Interviewpartner, die bereits durch Literaturrecherche in Kapitel 4 gewonnen Erkenntnisse. Meingassner betont den großen Einfluss, den persönliche Empfehlungen aus dem Google+ Netzwerk auf die Klickentscheidung von User haben können. Er sieht Google+ in der Zukunft auch mehr und mehr als zentrale "Account-Drehscheibe" und die Google+ Unternehmensseite als öffentliches Gesicht eines Unternehmens. Beim Einsatz der Autorenverknüpfungen gibt es unterschiedliche Aussagen. Roman Meingassner empfiehlt es allen Unternehmen diese Verknüpfungen zu implementieren, da kein großer Aufwand dahinterstecke. Zelewitz sieht das etwas differenzierter, für Ihn ist hier der vorhandene Content eines Unternehmens das entscheidende Kriterium.

Beide Experten sind sich einig, dass die Bedeutung von Social Signals als Rankingfaktor zunehmen wird. Für Zelewitz ist es vor Allem die Autorität und Vernetzung von Autoren mit dementsprechenden Social Media Profilen, die in Zukunft immer wichtiger wird. Dies deckt sich auch mit den Empfehlungen aus Kapitel 4.4. Meingassner argumentiert mit der einfachen Verfügbarkeit an Informationen für Suchmaschinen, sobald eine Plattform wie Google+ die kritische Masse an Usern überschritten hat.

Sowohl für Meingassner als auch für Zelewitz wird zukünftig das wichtigste Thema in SEO der Content einer Webseite sein. Meingassner prognostiziert eine Entwicklung weg vom technischen SEO hin zur Content-Strategie. Er glaubt, dass traditionelle SEO-Maßnahmen in Zukunft kaum mehr eine Rolle spielen werden. Martin Zelewitz sieht das ein wenig anders, er ist auch in Zukunft vom Zusammenspiel von klassischen SEO-Tätigkeiten und hochwertigem Content überzeugt.

Grundsätzlich decken sich die Aussagen aus den Experteninterviews mit den bereits in der Literaturrecherche gewonnenen Erkenntnissen. Festzuhalten ist vor Allem die Skepsis der beiden Experten

6 Fazit und Ausblick

Zweifellos ist die Bedeutung von guten Rankings bei Suchmaschinen und demnach der Suchmaschinenoptimierung für den Erfolg vieler Unternehmen sehr hoch. SEO hat sich mittlerweile unter den "klassischen" Marketingmöglichkeiten etabliert und bietet gegenüber anderen Kanälen viele Vorteile.

Suchmaschinen sind bei Usern deshalb so beliebt, weil Sie zielgenau die gerade benötigten Informationen mit hoher Qualität ausliefern. Um genau diese Qualität und Relevanz der Suchergebnisse sicherstellen zu können, greifen Suchmaschinen auf sehr viele verschiedene Kriterien zurück um Webseiten bewerten zu können. Die wichtigste Suchmaschinen Google führt im Jahr ca. 500-600 Änderungen am Suchalgorithmus durch um die Qualität weiter steigern zu können und Manipulationen durch SEO-Spamtechniken entgegenzuwirken.

Eine der größten Änderungen, die auch von manchen Experten als das Ende von SEO interpretiert wurde, ist die Integration von Signalen aus sozialen Medien wie Facebook, Twitter und Google+. Suchmaschinen haben den großen Einfluss und Zulauf dieser Social Media Plattformen erkannt. Der große Vorteil liegt darin, dass von Usern geteilte Inhalte in sozialen Medien für Sie relevant und spannend sind und demnach diese Informationen auch für Suchmaschinen enorm wichtig sind. Auch die kaum mögliche Manipulation dieser Signale spielt eine Rolle.

Der genaue Einfluss und die Gewichtung von einzelnen Rankingfaktoren zueinander kann nie genau bestimmt werden, da dies das wichtigste Betriebsgeheimnis von Suchmaschinen ist - so ist es auch bei Social Signals. Einige Studien konnten jedoch den Zusammenhang zwischen hohen Rankings und vielen Social Signals nachweisen. Die Studien können aber nicht hundertprozentig beweisen, dass es sich bei diesen Korrelationen auch um einen kausalen Zusammenhang handelt. Auch viele Experten sind der Meinung, dass soziale Medien einen signifikanten Einfluss auf die Suchergebnisse haben und dieser in Zukunft noch zunehmen wird.

Doch soziale Medien haben nicht nur einen Einfluss auf das Ranking, sondern auch auf die Darstellung der Suchergebnisse. Hier ist vor Allem die Integration von Inhalten aus Google+ in der Google Suche klar erkennbar. Durch Google+ versucht Google dem User individuelle Suchergebnisse zu liefern - die Suche wird daher zu einer Mischung aus hart messbaren Rankingfaktoren und Empfehlungen aus dem eigenen sozialen Umfeld. Unternehmen, die auf Google+ präsent und aktiv sind, werden in den Suchergebnissen prominent dargestellt und können somit durch Google+ für SEO profitieren.

Zusammenfassend kann gesagt werden, dass der Einfluss von Social Media auf die Suchmaschinen und daher auch auf die Suchmaschinenoptimierung nicht mehr bestritten werden kann. Suchmaschinen legen immer größeren Wert auf qualitativ hochwertigen, informativen und spannenden Content - durch Social Signals wird es relativ leicht möglich zu erkennen, welche Inhalte den Usern gefallen.

Die Art und Weise wie SEO betrieben wird, muss und wird sich deshalb weiterentwickeln. In Zukunft werden klassische SEO-Maßnahmen, auch durch Social Signals, an Bedeutung verlieren wohingegen die Optimierung für den User und hochwertiger Content im Mittelpunkt stehen werden. Social Media Marketing wird in vielen Unternehmen einen Fixplatz im Marketing-Mix bekommen, auch um daraus Vorteile für SEO zu generieren. Möglicherweise wird zukünftig SEO und Social Media Marketing zu einem großen Ganzen verschmelzen - um die Synergien aus beiden Bereich besser nutzen können.

Literaturverzeichnis

Monographien, Bücher und Sammelbände

Bischopinck, Yvonne von / Ceyp, Michael: *Suchmaschinenmarketing. Konzepte, Umsetzung und Controlling für SEO und SEM,* 2.Auflage, Springer Verlag, Heidelberg, 2009

Bruhn, Manfred: *Marketing: Grundlagen für Studium und Praxis,* 10. Auflage, Gabler Verlag, Wiesbaden, 2010

Düweke, Esther / Rabsch, Stefan: *Erfolgreiche Websites. SEO, SEM, Online-Marketing, Usability,* Galileo Press, Bonn, 2011

Enge, Eric / Spencer, Stephan / Stricchiola, Jessie / Fishkin, Rand: *Die Kunst des SEO. Strategie und Praxis erfolgreicher Suchmaschinenoptimierung,* 2. Auflage, Köln, 2012

Fischer, Mario: *Website Boosting 2.0. Suchmaschinen-Optimierung, Usability, Online-Marketing,* 2. Auflage, mitp-Verlag, Heidelberg, 2009

Fritz, Wolfgang: *Internet-Marketing und Electronic Commerce: Grundlagen - Rahmenbedingungen – Instrumente,* 3. Auflage, Gabler Verlag, Wiesbaden, 2004

Greifeneder, Horst: *Erfolgreiches Suchmaschinen-Marketing. Wie Sie bei Google, Yahoo, MSN & Co. ganz nach oben kommen,* 2. Auflage, Gabler Verlag, Wiesbaden, 2010

Hübener, Markus: *Suchmaschinenoptimierung kompakt: Anwendungsorientierte Techniken für die Praxis,* Springer Verlag, Heidelberg, 2009

Koch, Michael / Richter, Alexander: *Enterprise 2.0: Planung, Einführung und erfolgreicher Einsatz von Social Software in Unternehmen*, München, 2007

Mayring, Philipp: *Qualitative Inhaltsanalyse: Grundlagen und Techniken*, 8. Auflage, Beltz Verlag, Weinheim, 2003

Tantau, Björn: *Google+: Einstieg und Strategien für erfolgreiches Marketing und mehr Reichweite,* mitp-Verlag, Heidelberg, 2012

Fachartikel, Papers und Journale

Alpar, Andre / Metzen, Maik: *Schon heute um SEO für Google+ kümmern,* in: t3n Magazin, 27. Ausgabe, 2. Quartal 2012

Burseg, Christoph: *Wie sozial sind Googles Suchergebnisse?*, in: Website Boosting, 03-04/2011

Fischer, Mario: *Quo vadis SEO?*, in: Website Boosting, 05-06/2012

Lewandowski, Dirk: *Wie Suchmaschinen von Social Software profitieren.* Proceedings des Workshops "Social Software @ Work", Düsseldorf, 28.-29.September 2009

Machill, Marcel / Welp, Carsten (Hrsg.): *Wegweiser im Netz: Qualität und Nutzung von Suchmaschinen,* Bertelsmann Verlag, Gütersloh, 2003

Tantau, Björn: *"Social Linkbuilding": Mehr Reichweite bei Google mit sozialen Netzwerken*, in: Website Boosting, 05-06/2011

Vollmert, Markus: *Social SEO,* in: t3n Magazin, 29. Ausgabe, 4. Quartal 2012

Studien

Searchmetrics: *Whitepaper - SEO Ranking Faktoren Deutschland 2012,*
URL: http://www.searchmetrics.com/de/services/whitepaper/ [24.5.2013]

Slingshot SEO Inc.: *A Tale of two studies: Establishing Google & Bing Click-Through Rates,* Indianapolis, 2011
URL: http://www.slingshotseo.com/wp-content/uploads/2011/07/Google-vs-Bing-CTR-Study-2012.pdf [19.4.2013]

Statistik Austria: *IKT-Einsatz in Haushalten: Einsatz von Informations- und Kommunikationstechnologien in Haushalten 2012,* Wien, 2012
URL: http://www.statistik.at/web_de/statistiken/informationsgesellschaft/ikt-einsatz_in_haushalten/ [24.5.2013]

User Centric, Inc.: *Eye Tracking Bing vs. Google: A First Look*, 2009
URL: http://www.usercentric.com/news/2009/06/08/eye-tracking-bing-vs-google-first-look [25.5.2013]

Vorträge

Tober, Marcus: *Social SEO - Eine Evolution des SEO*, SEOkomm2012, Salzburg

Webartikel

Anthony, Tom: *How Authorship (and Google+) Will Change Linkbuilding*, SEOmoz, veröffentlicht am 15.4.2012, URL: http://www.seomoz.org/blog/authorship-google-plus-link-building [20.5.2013]

De Mers, Jayson: *Your Guide to Social Signals for SEO*, SEOmoz, veröffentlicht am 6.11.2012, URL: http://www.seomoz.org/blog/your-guide-to-social-signals-for-seo [11.5.2013]

Enge, Eric: *Graph Search & Social Search With Bing's Stefan Weitz*, veröffentlicht am 18.2.2013, URL: http://www.stonetemple.com/graph-search-social-search-with-bings-stefan-weitz/ [16.5.2013]

Finn, Greg: *Want to Comment on Facebook? Now You Can , From Bing*, Search Engine Land, veröffentlicht am 10.5.2013, URL: http://searchengineland.com/want-to-comment-on-facebook-now-you-can-from-bing-158981 [11.5.2013]

Fishkin, Rand: *Facebook + Twitter's Influence on Google's Search Rankings*, SEOmoz, veröffentlicht am 19.4.2011, URL: http://www.seomoz.org/blog/facebook-twitters-influence-google-search-rankings [14.5.2013]

Hauser, Oliver: *Tickt Google noch richtig? "Search Plus Your World"*, Webmarketing Blog, veröffentlicht am 14.1.2012, URL: http://www.webmarketingblog.at/2012/01/14/google-search-plus-your-world/ [20.5.2013]

Kaplan, Keith: *How Google's +1 Button Affects SEO*, Mashable, veröffentlicht am 21.2.2012, URL: http://mashable.com/2012/02/21/google-plus-1-seo/ [20.5.2013]

Kohn, AJ: *Google+ SEO*, Blind Five Year Old, veröffentlicht am 20.1.2012, URL: http://www.blindfiveyearold.com/google-plus-seo [6.6.2013]

Kratz, Karl: *SEO Mythos Keyword Density*, veröffentlicht am 20.4.2010, URL: http://www.karlkratz.de/onlinemarketing-blog/seo-keyword-density/ [5.5.2013]

O'Dell, Jolie: *HOW TO: Add Social Sharing Buttons to Your Website*, Mashable, veröffentlicht am 11.3.2011, URL: http://mashable.com/2011/03/11/add-social-sharing-buttons/ [17.5.2013]

Shepard, Cyrus: *10 Dead Simple Tips to Take Advantage of Google+ for SEO*, Moz, veröffentlicht am 16.10.2012, URL: http://moz.com/blog/tips-to-use-google-for-seo [6.6.2013]

Shepard, Cyrus: *Experiments on Google+ and Twitter Influencing Search Rankings*, SEOmoz, veröffentlicht am 5.7.2011, URL: http://www.seomoz.org/blog/do-tweets-still-effect-rankings [16.5.2013]

Slingshot SEO: *Mission ImposSERPble: Establishing Click-through Rates*, SEOmoz, veröffentlicht am 25.7.2011, URL: http://www.seomoz.org/blog/mission-imposserpble-establishing-clickthrough-rates [19.4.2013]

Steuer, Philipp: *Plus Eins: Das Google+ Buch für Jedermann*, 1. Ausgabe, veröffentlicht am 7.5.2012, URL: http://philippsteuer.de/google-plus-buch/ [6.6.2013]

Sullivan, Danny: *As Deal With Twitter Expires, Google Realtime Search Goes Offline*, Search Engine Land, veröffentlicht am 4.7.2011, URL: http://searchengineland.com/as-deal-with-twitter-expires-google-realtime-search-goes-offline-84175 [16.5.2013]

Sullivan, Danny: *What Social Signals Do Google & Bing Really Count?*, Search Engine Land, veröffentlicht am 1.12.2010, URL: http://searchengineland.com/what-social-signals-do-google-bing-really-count-55389 [16.5.2013]

Sullivan, Danny: *Why Google Panda Is More a Ranking Factor than Algorithm Update*, Search Engine Land, veröffentlicht am 21.6.2011, URL: http://searchengineland.com/why-google-panda-is-more-a-ranking-factor-than-algorithm-update-82564 [5.5.2013]

Vanning, Justin: *New Adwords Social Extension Displays Google +1's in PPC Ads*, SEOmoz, veröffentlicht am 30.11.2011, URL: http://www.seomoz.org/blog/new-adwords-social-extension-displays-google-1s-in-ppc-ads [20.5.2013]

Experteninterviews

Interview mit Mag. Roman Meingassner am 14.5.2013 in Salzburg

Zur Person:

- Magisterstudium der Kommunikationswissenschaften in Salzburg
- Seit 4 Jahren im Bereich SEO tätig
- Seit 2011 Online-Marketing Manager bei yelsterdigital GmbH
    - Betreuung der Seiten *123people*, *123pages* und *Reporama* in mehreren Ländern
    - Aufgabengebiete: SEO, A/B Testing, Content-Management, Online-Marketing (E-Mailings etc.)

Interview mit Mag. Martin Zelewitz am 29.4.2013 in Salzburg

Zur Person:

- Magisterstudium der internationalen Betriebswirtschaft in Linz
- Change Manager bei der AOK Hessen
- Niederlassungsleiter Deutschland der Bene Consulting GmbH
- Certified Project Manager nach ipma
- Gründer und Geschäftsführer der Aviseo Internetmarketing GmbH
    - spezialisiert auf SEO und Google AdWords
- regelmäßig Vortragender zum Thema SEO
    - FH Salzburg, werbeplanung.at Academy, Digital Brand Manager Lehrgang, etc.